Dr. Oetker Teenie Party

Dr. Oetker

Teenie Party

Dr. Oetker Verlag

VORWORT

PARTY? NA KLAR! WAS FÜR EINE FRAGE ... DOCH WAS BRINGT DIE RICHTIGE STIMMUNG?

Neben angesagter Musik (extrem wichtig!): coole Getränke und was Leckeres zum Essen.

Da beginnt die Vorfreude auf das Zusammensein mit der Clique schon beim Planen der Feier, vielleicht gemeinsam mit der besten Freundin? Lieben die Gäste Fingerfood wie Mini-Hot-Dogs oder doch Salate, z. B. Taboulé? Wer steht wohl auf Green Pancakes oder Mini-Pizzen? Und wie sieht es aus mit Falafel, dazu Zitronen-Schmand? Oder doch von allem etwas? Egal, der knusprige Brötchenkranz ist auf jeden Fall mit von der Part(y)ie!

Mit Cocktails wie Ipanema oder Virgin Hugo, erfrischender Melonenbowle oder fruchtigem KiBa sorgst du für entscheidende Impulse auf deiner Party. Süßes geht immer, auch zwischendurch. In der heimischen Gefriertruhe wartet das „homemade" Latte-Macchiato-Eis auf seinen großen Auftritt. Oder doch lieber die Joghurt-Panna-Cotta auf Erdbeersauce?

Einfach in der Zubereitung, doch äußerst attraktiv auf dem Buffet sind die Rezepte in diesem Buch. Die Mengen können leicht der Anzahl der Gäste angepasst werden. Praktische Hilfe bei der Planung leistet der Ratgeber auf den Seiten 92/93.

Alles wurde ausprobiert und ist so beschrieben, dass die Vorbereitungen zur Party Spaß machen. Über deine Party werden sich alle noch lange unterhalten!

REZEPT
Auf Seite 88

BANG!

A LITTLE BIT OF SOMETHING

ZAZIKI

5 PORTIONEN

ZUBEREITUNGSZEIT: ETWA 35 MINUTEN

DU BRAUCHST:

250 g Joghurt (10 % Fett)
250 g Magerquark
2 EL Zitronensaft
2 EL Olivenöl
1/2 Salatgurke (etwa 200 g)
2–3 Knoblauchzehen
1/2 gestr. TL Salz
1 Prise weißer Pfeffer

einige schwarze Oliven

AUSSERDEM:
1 Haushaltsreibe
1 Knoblauchpresse

DER MUSS SEIN!

1. Joghurt, Quark, Zitronensaft und Olivenöl in eine Rührschüssel geben und glatt rühren.

2. Die Gurke schälen, der Länge nach halbieren und die Kerne mit einem Löffel herauskratzen. Dann die Gurke auf der Haushaltsreibe grob raspeln. Gurkenraspel ebenfalls in die Rührschüssel geben.

3. Knoblauch abziehen und mit der Knoblauchpresse direkt in die Rührschüssel pressen. Gurkenraspel und Knoblauch gut unterrühren. Zaziki mit Salz und Pfeffer würzen und abschmecken. Den Zaziki bis zum Servieren zugedeckt in den Kühlschrank stellen.

4. Zaziki vor dem Servieren in eine hübsche Schüssel umfüllen. Die Oliven in einem kleinen Schälchen dazustellen.

Tipps: Serviere dazu Fladenbrot. Je länger Zaziki steht, desto intensiver und schärfer wird der Geschmack. Achte schon beim Einkauf darauf, ob der Knoblauch frisch (hat einen grünen Stiel) oder gelagert (Haut ist trocken) ist. Frischer Knoblauch ist sehr aromatisch und nicht ganz so scharf wie gelagerter. Im Zweifel dosiere vorsichtig. Wer mag, kann auch etwas gehackten, frischen Dill unterrühren.

TEX-MEX-KARTOFFELSALAT

5 PORTIONEN • ZUBEREITUNGSZEIT: 25 MINUTEN
DURCHZIEHZEIT: ETWA 15 MINUTEN

DU BRAUCHST:

150 ml heiße Gemüsebrühe
125 g Schmand (Sauerrahm)
4 EL Speiseöl, z. B. Sonnenblumenöl
Salz
gem. Pfeffer
1 Prise Zucker
1 gestr. EL Barbecue-Gewürz

280 g abgetropfter Mais-Bohnen-Mix mit Paprikastückchen (aus der Dose)
250 g abgetropfte Kidneybohnen (aus der Dose)
1 kg gegarte, gepellte Kartoffeln

1 Bund Schnittlauch
250 g abgetropfte Mini-Würstchen (aus dem Glas)
3 EL Röstzwiebeln (aus der Packung)

AUSSERDEM:

1 große Salatschüssel

DER KLASSIKER – NEU INTERPRETIERT

1. Brühe und Schmand in einer großen Salatschüssel verrühren. Speiseöl unterschlagen. Sauce mit Salz, Pfeffer, Zucker und Barbecue-Gewürz abschmecken.

2. Mais-Bohnen-Mix und Kidneybohnen in ein Sieb geben, mit kaltem Wasser abspülen und gut abtropfen lassen.

3. Mais-Bohnen-Mix und Kidneybohnen in die Salatschüssel geben und unter die Sauce rühren. Pellkartoffeln in Scheiben schneiden und vorsichtig unter die anderen Zutaten heben. Den Kartoffelsalat etwa 15 Minuten durchziehen lassen, dabei gelegentlich umrühren.

4. Schnittlauch abspülen, trocken tupfen und in Röllchen schneiden. Mini-Würstchen und Schnittlauchröllchen unter den Kartoffelsalat heben. Den Salat nochmals mit Salz, Pfeffer und Barbecue-Gewürz abschmecken. Den Kartoffelsalat mit Röstzwiebeln bestreuen und servieren.

Tipps: Pellkartoffeln möglichst am Vortag kochen und pellen, zumindest aber vollständig erkalten lassen. Statt Mini-Würstchen kannst du auch Cabanossi-Scheiben oder Mini-Frikadellen verwenden. Hast du kein Barbeque-Gewürz, kannst du 2–3 Esslöffel Salsa-Sauce verwenden.

GEMÜSESTICKS MIT DIPS

5 PORTIONEN • ZUBEREITUNGSZEIT: ETWA 40 MINUTEN

FÜR DEN KNOBLAUCH-DIP (MITTE):
2 Knoblauchzehen
1 EL Kapern (aus dem Glas)
2 EL gehackte Petersilie
2 EL Schnittlauchröllchen
100 g Doppelrahm-Frischkäse
75 g Joghurt (3,5 % Fett)
1 Prise Salz
1 Prise Pfeffer

FÜR DEN FRISCHKÄSE-DIP (VORN):
100 g Doppelrahm-Frischkäse, 125 g Schmand (Sauerrahm)
1 Chilischote, 2–3 Tropfen Tabascosauce, 1/2 gestr. TL Paprikapulver edelsüß
1 Prise Salz, 1 Prise Pfeffer

DU BRAUCHST:
1 kg buntes Gemüse z.B. Staudensellerie, Möhren, Salatgurke, Paprikaschoten, Kohlrabi

FÜR DEN HONIG-SENF-DIP (HINTEN):
150 g Crème fraîche
1 EL mittelscharfer Senf
1 EL flüssiger Honig
1/4 TL gem. Kurkuma (Gelbwurz)
1 Prise Salz
1 Prise Pfeffer

1 Prise geschroteter Chili zum Bestreuen

1. Das Gemüse putzen, schälen, abspülen, gut abtropfen lassen, in Stifte schneiden und in Gläsern hübsch anrichten.

2. Für den Frischkäse-Dip Frischkäse und Schmand in einer Schüssel verrühren. Chilischote halbieren, entstielen, entkernen und die weißen Scheidewände entfernen. Schote abspülen, abtropfen lassen, in feine Ringe schneiden, in die Schüssel geben, einige Ringe zum Dekorieren beiseitelegen (Achtung: danach sofort gründlich die Hände waschen) und unterrühren. Den Dip mit Tabascosauce, Paprikapulver, Salz und Pfeffer würzen.

3. Für den Knoblauch-Dip Knoblauch abziehen, durch eine Knoblauchpresse in eine Schüssel drücken. Kapern abtropfen lassen, einige zum Dekorieren beiseitelegen und die restlichen Kapern fein hacken, dann in die Schüssel geben. Petersilie, Schnittlauch, Frischkäse und Joghurt unterrühren. Mit Salz und Pfeffer würzen.

4. Für den Honig-Senf-Dip Crème fraîche mit Senf und Honig verrühren, mit Kurkuma, Salz und Pfeffer würzen.

5. Dips vor dem Servieren nochmals abschmecken, evtl. nachwürzen und mit den entsprechenden beiseitegestellten Dekorationen bestreuen. Die Gemüsesticks mit den Dips servieren.

TIPP: Richte dich bei der Auswahl des Gemüses nach persönlichen Vorlieben und nach saisonalem Angebot. Lecker sind auch feine Stifte von Knollensellerie und Rettich (beides leicht scharf) oder Zucchini. Im Sommer gibt es auf dem Markt auch violette oder gelbe Möhren, die bringen noch mehr Farbe ins Spiel. Du kannst auch Cracker zum Dippen mit dazustellen. Dann bereite, je nach Anzahl der Personen, die doppelte Menge von den Dips zu.

25–30 STÜCK
ZUBEREITUNGSZEIT: 45 MINUTEN ·
QUELLZEIT PANCAKE-TEIG: 25 MINUTEN

GREEN PANCAKES MIT TOMATEN-SALSA

1. Für die Tomaten-Salsa Zwiebel und Knoblauchzehe abziehen und beides fein würfeln. Peperoni halbieren, entkernen und die weißen Scheidewände entfernen. Peperonihälften abspülen, trocken tupfen und in schmale Streifen schneiden. (Achtung: danach sofort gründlich die Hände waschen).

2. Das Öl in einem Topf erhitzen. Tomatenstücke, Peperoni, Zucker und Essig hinzugeben. Zutaten aufkochen und Tomaten-Salsa mit Salz, Pfeffer und Cayennepfeffer würzen, beiseitestellen. Salsa erkalten lassen.

3. Für die Pancakes Mehl mit Backpulver in eine Rührschüssel geben und sorgfältig vermischen. Eier, Buttermilch, Mineralwasser und Zucker hinzugeben. Die Zutaten mit einem Mixer (Rührstäbe) auf mittlerer Stufe zu einem glatten Teig verrühren. Dabei darauf achten, dass sich keine Klümpchen bilden. Den Teig etwa 25 Minuten zugedeckt quellen lassen.

4. In der Zwischenzeit Petersilie abspülen, trocken tupfen und die Blättchen von den Stängeln zupfen. Petersilie nach der Quellzeit in den Pancaketeig geben. Den Teig mit einem Pürierstab pürieren, bis der Teig grün ist (einige Kräuterstückchen sollen im Teig zu sehen sein). Dann das Pesto hinzugeben und kurz mit pürieren.

5. Jeweils etwa 1 Esslöffel Öl in die Pfanne geben und erhitzen. Die Pancakes portionsweise backen. Dafür je Pancake 2 Esslöffel Teig in die Pfanne geben. Pancakes bei mittlerer Hitze backen, bis die Ränder goldbraun sind. Dann die Pancakes mit dem Pfannenwender vorsichtig umdrehen und die andere Seite fertig backen (je Seite etwa 2 Minuten). Pancakes auf einen großen Teller (mit Küchenpapier belegt) legen.

6. Aus dem restlichen Teig weitere Pancakes backen. Dabei den Teig vor jedem Backen gründlich umrühren.

7. Die Salsa umrühren und nochmals abschmecken. Pancakes mit der Tomaten-Salsa servieren.

Tipps: Diese Pancakes sind warm, lauwarm oder abgekühlt lecker. Die Tomaten-Salsa schmeckt noch besser, wenn sie durchziehen kann. Bereite die Salsa am Vorabend zu. Am nächsten Tag umrühren und abschmecken. Wer es gerne orientalisch mag, schmeckt die Tomaten-Salsa statt mit Cayennepfeffer mit 1 Teelöffel gemahlenem Koriander ab. Die grünen Pancakes schmecken immer wieder anders, wenn du statt Petersilie andere Kräuter wie Basilikum oder Kerbel nimmst.

FÜR DIE SALSA:
1 Zwiebel
1 Knoblauchzehe
1 rote Peperoni
1 EL Speiseöl,
z.B. Sonnenblumenöl
400 g stückige Tomaten
(aus der Dose)
1 TL Zucker
1 EL Weißweinessig
1 Prise Salz
gem. Pfeffer
1–2 Msp. Cayennepfeffer

AUSSERDEM:
1 Mixer (Rührstäbe)
1 Pürierstab
1 Pfannenwender

FÜR DIE PANCAKES:
200 g Weizenmehl
3 gestr. TL Dr. Oetker Backin
2 Eier (Größe M)
250 g Buttermilch
3 EL Mineralwasser
1 Prise Zucker
1 Bund Petersilie
75 g Pesto
(möglichst dunkelgrün)

5 EL Speiseöl,
z. B. Sonnenblumenöl

VEGGIE-BURGER

(TITEL)

6 STÜCK
ZUBEREITUNGSZEIT: 30 MINUTEN
ABKÜHLZEIT KARTOFFELN: ETWA 30 MINUTEN
GRATINIERZEIT: 5-8 MINUTEN

DU BRAUCHST:
150 g Kartoffeln
1/2 gestr. TL Salz
150 g Möhren
80 g Gewürzgurke
1 Ei (Größe S)
2 gehäufte EL Kartoffelpüreepulver
gem. Pfeffer

2 EL Sonnenblumenöl

6 Hamburger-Brötchen mit Sesam (Fertigprodukt)
6 TL Remoulade
6 kleine Scheiben Gouda
6 große Salatblätter
1/2 Salatgurke
2 Tomaten
6 TL mittelscharfer Senf
6 TL Ketchup

AUSSERDEM:
1 Haushaltsreibe
2 Pfannenwender
1 Backblech

1 Kartoffeln schälen, abspülen, in 3 cm große Stücke schneiden und knapp mit Wasser bedeckt, zugedeckt zum Kochen bringen. Salz hinzugeben. Kartoffeln zugedeckt in etwa 15 Minuten gar kochen. Das Wasser abgießen und die Kartoffeln im geöffneten Topf erkalten lassen.

2 In der Zwischenzeit Möhren putzen, schälen, abspülen und abtropfen lassen. Gewürzgurke abtropfen lassen. Möhren und Gurke fein raspeln, in eine Schüssel geben. Die Kartoffeln auf der groben Seite der Haushaltsreibe raspeln (oder mit einem Kartoffelstampfer zerdrücken) und in die Schüssel geben. Kartoffelpüreepulver, Salz und Pfeffer hinzugeben. Alles gut miteinander vermengen.

3 Den Backofen vorheizen. Ober-/Unterhitze: etwa 220 °C, Heißluft: etwa 200 °C.

4 Öl in einer Pfanne erhitzen. Den Kartoffelteig in 6 gleich große Portionen teilen, jede Portion mit einem Esslöffel in die Pfanne geben und zu einem Bratling verstreichen. Bratlinge bei mittlerer Hitze etwa 3 Minuten knusprig braun braten. Dann mit den Pfannenwendern vorsichtig umdrehen. Die andere Seite ebenfalls etwa 3 Minuten braten. Die Bratlinge nebeneinander auf einen Teller legen.

5 Brötchen halbieren. Die unteren Brötchenhälften auf das Backblech legen und dünn mit Remoulade bestreichen. Je einen Bratling und eine Scheibe Käse darauflegen. Das Backblech in den vorgeheizten Backofen schieben. Die Cheeseburger 5–8 Minuten goldbraun gratinieren.

6 In der Zwischenzeit Salatblätter, Gurke und Tomaten abspülen und gut trocken tupfen. Gurke und Tomaten in Scheiben schneiden, dabei das Ende bzw. die Stängelansätze entfernen.

7 Die oberen Brötchenhälften mit Senf bestreichen. Die gratinierten Brötchenhälften aus dem Backofen nehmen. Jeweils 1 Teelöffel Ketchup daraufgeben. Mit den Salatblättern, den Gurken- und Tomatenscheiben belegen. Die oberen Brötchenhälften darauflegen. Veggie-Burger sofort servieren.

Variante: Lieber Chickenburger? Dann nimm statt des Kartoffel-Möhren-Bratlings pro Portion ein Hähnchen- oder Putenschnitzel (je etwa 100 g). Gib einen Esslöffel Mehl in einen tiefen Teller. In einen weiteren tiefen Teller gibst du 1 Ei und verschlägst es mit einer Gabel. In einen dritten Teller gibst du etwa 2 Esslöffel Cornflakes (fein zerbröselt) und 2 Esslöffel Paniermehl, gut vermischen. Das Schnitzel zuerst mit etwas Salz und Pfeffer würzen. Schnitzel in Mehl, dann in verschlagenem Ei wenden und zuletzt in der Cornflakes-/Paniermehlmischung wenden. Wie beschrieben in Sonnenblumenöl braten. Die Panade reicht für etwa 6 kleine Hähnchenschnitzel.

KÄSESTICKS AUF ANANAS

10 PORTIONEN • ZUBEREITUNGSZEIT: 60 MINUTEN

DU BRAUCHST:
1 frische Ananas
100 g Weintrauben
100 g kleine Erdbeeren
15 Cocktailtomaten
15 abgetropfte Cornichons (Mini-gewürzgurken aus dem Glas)
15 Mini-Würstchen
200 g Maasdamer (am Stück)
200 g Gouda (am Stück)

AUSSERDEM:
70–80 Holzspießchen

TOLLER BLICKFANG

Tipps: Die Ananas kann gut schon einige Stunden vor der Party zubereitet werden. Nach der Party kann sie natürlich gegessen werden ;-)). Dafür den Schopf abschneiden und die Schale mit einem Brotmesser von oben nach unten in Streifen abschneiden. Ananas vierteln, den harten Mittelteil entfernen und die Ananas in Stücke schneiden. Lecker ist es auch, wenn nur bunte Obststücke auf die Spießchen gesteckt werden.

1. Von der Ananas mit einem Brotmesser am unteren Ende eine Scheibe abschneiden, sodass sie gerade steht. Ananas auf einen Teller stellen.
2. Weintrauben und Erdbeeren abspülen, vorsichtig trocken tupfen und die Stiele entfernen. Cocktailtomaten abspülen, trocken tupfen, die Stiele entfernen und die Stängelansätze evtl. herausschneiden.
3. Von beiden Käsesorten die Rinde abschneiden. Käsestücke in etwa 1 ½ cm große Würfel schneiden.
4. Fruchtstücke, Tomaten, Gurken, Würstchen und Käsewürfel bunt gemischt auf die Spieße stecken.
5. Die Spieße rundherum in die Ananas stecken. Dabei auf eine gleichmäßige „Gewichtsverteilung" achten, damit die Ananas nicht umfällt.
6. Die bunt „bespießte" Ananas locker mit Frischhaltefolie einpacken und bis zum Servieren in den Kühlschrank stellen.

SCHNELLER REISSALAT

5 PORTIONEN • ZUBEREITUNGSZEIT: 30 MINUTEN
ABKÜHLZEIT: ETWA 30 MINUTEN • DURCHZIEHZEIT: MIND. 30 MINUTEN

KLEINER AUFWAND GROSSER GENUSS

DU BRAUCHST:
400 ml Wasser
1/2 TL Salz
200 g Langkornreis
250 g TK-Erbsen
400 g Farmer- oder Waldorfsalat (aus dem Kühlregal)
70 ml Apfelsaft
1 Kästchen Kresse
Salz
gem. Pfeffer
etwas Zucker

1. Wasser in einem Topf zugedeckt zum Kochen bringen. Salz und Langkornreis dazugeben und aufkochen lassen. Den Reis bei schwacher Hitze zugedeckt nach Packungsanleitung garen.
2. Falls erforderlich, überschüssiges Wasser abgießen. Tiefgekühlte Erbsen vorsichtig unterheben. Die Reis-Erbsen-Mischung erkalten lassen.
3. Reis-Erbsen-Mischung in eine Salatschüssel geben. Den Farmer- oder Waldorfsalat und den Apfelsaft hinzugeben und vorsichtig untermischen.
4. Die Kresse abspülen und gut abtropfen lassen. Zwei Drittel der Kresse mit einer Küchenschere vom Beet schneiden und ebenfalls unter den Salat heben.
5. Reissalat mit Salz, Pfeffer und Zucker würzen, abschmecken und zugedeckt mindestens 30 Minuten im Kühlschrank durchziehen lassen.
6. Den Reissalat in Trinkbechern oder kleinen Gläsern anrichten. Mit der restlichen Kresse dekorieren.

Tipp: Ist dir Kresse zu scharf, ersetze sie durch 2–3 Esslöffel Schnittlauchröllchen.

TORTELLINI-SALAT

5 PORTIONEN • ZUBEREITUNGSZEIT: 45 MINUTEN

1 Tortellini nach Packungsanleitung garen. Anschließend in ein Sieb geben, mit kaltem Wasser übergießen und abtropfen lassen.

2 Schalotte abziehen, in feine Würfel schneiden und beiseitestellen. Eine Pfanne ohne Fett erhitzen. Speckscheiben hineingeben und knusprig braten, dabei gelegentlich wenden . Die Pfanne von der Kochstelle nehmen. Speckscheiben herausnehmen, auf einen Teller (mit Küchenpapier belegt) legen und erkalten lassen.

3 In der Zwischenzeit Olivenöl in eine Pfanne geben und bei mittlerer Hitze erhitzen. Beiseitegelegte Schalottenwürfel darin glasig dünsten. Brühe, Essig und Honig oder Zucker in die Pfanne geben und unterrühren, mit Salz und Pfeffer würzen. Die Kapern abtropfen lassen und ebenfalls unterrühren. Das Dressing in eine Schüssel geben, Tortellini dazugeben, vorsichtig mit dem Dressing mischen und alles erkalten lassen.

4 Rucola verlesen, evtl. dicke Stiele abschneiden. Rucola abspülen, trocken tupfen oder schleudern. Radicchio putzen, abspülen und gut abtropfen lassen. Salatblätter in mundgerechte Stücke oder Streifen schneiden. Tomaten abspülen, trocken tupfen und halbieren. Die Stängelansätze evtl. herausschneiden. Melone entkernen, das Fruchtfleisch von der Schale lösen und in Würfel schneiden.

5 Vor dem Servieren Rucola, Radicchio, Tomaten- und Melonenstücke unter die Tortellini mischen. Salat nochmals mit Salz und Pfeffer abschmecken. Den Knusperspeck grob zerbröseln und auf dem Salat verteilen.

Tipps: Die Tortellini und das Dressing können bereits am Vortag zubereitet und gemischt werden. So ziehen die Gewürze gut ein und der Salat ist noch mal so lecker. Kurz bevor die Party losgeht, werden Salate, Tomaten- und Melonenstücke vorbereitet, zugegeben und untergemischt. Dann unbedingt nochmals abschmecken. Der Salat kann gut abgewandelt werden: Radicchio kannst du einfach weglassen oder statt dessen mehr Rucola verwenden. Essen Vegetarier mit, stelle den Knusperbacon in einer Extra-Schale dazu oder ersetze ihn durch gehobelten Parmesan.

DU BRAUCHST:

400 g frische Tortellini mit Käsefüllung (aus dem Kühlregal)

1 Schalotte
50 g Frühstücksspeck in Scheiben (Bacon)

3 EL Olivenöl
150 ml heiße Gemüsebrühe
3–4 EL Weißweinessig
1 TL flüssiger Honig oder Zucker
1/2 gestr. TL Salz
gem. Pfeffer
1 EL Kapern (aus dem Glas)

50 g Rucola
100 g Radicchio
100 g Cocktailtomaten
200 g Zuckermelone, z. B. Galiamelone

FALAFEL MIT ZITRONEN-SCHMAND

20 STÜCK • ZUBEREITUNGSZEIT: 60 MINUTEN
GARZEIT: ETWA 10 MINUTEN

Tipps: Falafel schmecken heiß, lauwarm und kalt sehr gut. Praktisch ist es, wenn du einige Holzspießchen bereitstellst, dann können sie gut gedippt werden.

1. Die Kichererbsen in ein Sieb geben, mit kaltem Wasser abspülen und gut abtropfen lassen. Die Zwiebel abziehen und fein würfeln. Knoblauch abziehen und durch eine Knoblauchpresse drücken.

2. Öl in einer Pfanne erhitzen. Zwiebelwürfel und Knoblauch kurz darin andünsten, mit Salz und Kreuzkümmel würzen. Die Mischung auf einen Teller geben und beiseitestellen. Die Pfanne wird nochmal benötigt.

3. Kichererbsen und Ei in einen Rührbecher geben und mit dem Pürierstab fein pürieren. Die Masse mit Salz, Kreuzkümmel und Cayennepfeffer würzen. Beiseitegestellte Zwiebel-Knoblauch-Mischung unterrühren.

4. Minze oder Petersilie abspülen, trocken tupfen und die Blättchen von den Stängeln zupfen. Die Hälfte der Blättchen fein schneiden und mit den Semmelbröseln unter die Kichererbsenmasse mischen (die Masse soll trocken und formbar sein). Die Masse nochmals mit den Gewürzen abschmecken.

5. Öl in der Pfanne erhitzen. Aus der Falafelmasse mit angefeuchteten Händen 20 kleine, rundlich-flache Falafel formen und gut zusammendrücken. Diese in der Pfanne bei mittlerer Hitze in 6–8 Minuten rundherum goldgelb braten, dabei einmal wenden.

6. Für den Zitronen-Schmand die Zutaten in eine Schüssel geben und gut miteinander verrühren.

FÜR DIE FALAFEL:
425 g abgetropfte Kichererbsen (aus der Dose), 1 kleine Zwiebel
1 Knoblauchzehe, 1 EL Olivenöl, 1 Prise Salz, 1 Prise gem. Kreuzkümmel (Cumin)
1 Ei (Größe M), 1/2 gestr. TL Salz, 1/2 gestr. TL gem. Kreuzkümmel (Cumin)
1 Msp. Cayennepfeffer, 1 Bund Minze oder 1/2 Bund glatte Petersilie
2–3 EL Semmelbrösel, 3–4 EL Olivenöl

FÜR DEN ZITRONEN-SCHMAND:
150 g Schmand (Sauerrahm), Salz, 1 Msp. gem. Kreuzkümmel (Cumin)
1 Msp. Cayennepfeffer, 2 EL Zitronensaft, 1 Prise Zucker

AUSSERDEM:
1 Knoblauchpresse
1 Pürierstab

TABOULÉ

5 PORTIONEN • ZUBEREITUNGSZEIT: 30 MINUTEN
ABKÜHLZEIT: ETWA 30 MINUTEN

DU BRAUCHST:

400 ml Wasser
1 gestr. EL Instant-Gemüsebrühe
200 g Bulgur, grob (Weizengrütze)

1 Salatgurke
2 Fleischtomaten
1 gelbe Paprikaschote
1 Bund Frühlingszwiebeln
1 Bund glatte Petersilie
4 Stängel Minze

4 EL Zitronensaft
Salz
gem. Pfeffer
1 Prise Zucker
1 Prise gem. Kreuzkümmel (Cumin)
6–8 EL Olivenöl

KOMMT IMMER GUT AN

1 Wasser in einem Topf zugedeckt zum Kochen bringen. Gemüsebrühe und Bulgur hinzugeben, unterrühren und kurz aufkochen lassen. Den Topf von der Kochstelle nehmen. Den Bulgur zugedeckt 15 – 20 Minuten ausquellen und abkühlen lassen.

2 In der Zwischenzeit die Gurke abspülen, abtrocknen, die Enden abschneiden und die Gurke in kleine Würfel schneiden. Gurkenwürfel in eine Schüssel geben. Tomaten abspülen, trocken tupfen, halbieren und die Stängelansätze herausschneiden. Tomaten ebenfalls würfeln und in die Schüssel geben.

3 Paprikaschote halbieren, entstielen, entkernen und die weißen Scheidewände entfernen. Schotenhälften abspülen, abtropfen lassen und fein würfeln. Paprikawürfel in die Schüssel geben. Frühlingszwiebeln putzen, abspülen, abtropfen lassen und in feine Ringe schneiden, in die Schüssel geben.

4 Petersilie und Minze abspülen, trocken tupfen und die Blättchen von den Stängeln zupfen. Blättchen sehr fein schneiden und mit in die Schüssel geben. Die Zutaten miteinander vermengen. Bulgur hinzugeben und nochmals alles mischen.

5 Für die Sauce Zitronensaft mit Salz, Pfeffer, Zucker und Kreuzkümmel verrühren. Das Öl unterschlagen. Die vorbereiteten Zutaten mit der Sauce vermischen und zugedeckt etwa 30 Minuten durchziehen lassen.

Tipps: Das Taboulé verliert bei längerem Durchziehen etwas von seiner feinen Säure. Dann vor dem Servieren unbedingt nochmals abschmecken. Möchtest du das Taboulé am Vortag zubereiten, entferne die Kerne aus der Gurke und den Tomaten. So bleibt es schön körnig. Die Kerne kannst du mit etwa 150 ml kalter Buttermilch, 1 Esslöffel fein gehackter Petersilie, etwas Salz und Pfeffer zu einem leckeren Vitamin-Smoothie mixen. Bulgur gibt es in türkischen Lebensmittelgeschäften, in Bio-Läden oder auch im Supermarkt (beim Reis).

GRÜNE PFANNKUCHENRÖLLCHEN

ETWA 40 STÜCK • ZUBEREITUNGSZEIT: 50 MINUTEN • QUELLZEIT: ETWA 25 MINUTEN
KÜHLZEIT: MIND. 1 STUNDE

1 Mehl in eine Rührschüssel geben. In einer weiteren Schüssel Eier mit Milch, Mineralwasser und Salz verrühren. Eiermilch zum Mehl geben und mit dem Mixer (Rührstäbe) auf niedrigster Stufe verrühren. Dabei darauf achten, dass sich keine Klümpchen bilden. Den Teig etwa 25 Minuten zugedeckt quellen lassen.

2 In der Zwischenzeit die Petersilie abspülen, trocken tupfen und die Blättchen von den Stängeln zupfen. Petersilie grob schneiden. Petersilienblättchen und TK-Kräuter zu dem Teig geben. Die Zutaten mit dem Pürierstab solange pürieren, bis die Kräuter sehr fein und der Teig grün ist.

3 Etwas Margarine oder Öl in der Pfanne bei mittlerer Hitze zerlassen. So viel Teig in die Pfanne geben, dass der Boden knapp bedeckt ist. Die Pfanne leicht schwenken, damit sich der Teig gleichmäßig auf dem Pfannenboden verteilen kann. Sobald die Pfannkuchenoberfläche nicht mehr flüssig ist, den Pfannkuchen vorsichtig mit dem Pfannenwender umdrehen und die andere Seite fertig backen. Dafür evtl. noch etwas Margarine oder Öl in die Pfanne geben. Aus dem restlichen Teig auf die gleiche Weise weitere etwa 5 Pfannkuchen backen. Dabei den Teig vor jedem Backen gründlich umrühren. Gebackene Pfannkuchen auf einem Teller erkalten lassen.

4 Quark in eine Schüssel geben, mit Meerrettich und TK-Kräutern glatt rühren. Kräuterquark leicht scharf mit Salz, Pfeffer und evtl. noch etwas Meerrettich abschmecken.

5 Die Pfannkuchen nacheinander füllen. Dafür auf jeden Pfannkuchen etwa 1 Esslöffel des Kräuterquarks geben. Mit dem Löffel dünn bis fast zum Rand verstreichen, dabei das obere Drittel der Pfannkuchen frei lassen (Stepfoto). Die bestrichene Fläche der Pfannkuchen mit je 2 Lachsscheiben belegen. Pfannkuchen fest aufrollen, dabei mit der belegten Seite beginnen. Die Nahtstelle vorsichtig festdrücken. Gefüllte Pfannkuchen mit der Naht nach unten dicht nebeneinander in eine Frischhaltebox legen. Pfannkuchenrollen mindestens 1 Stunde zugedeckt in den Kühlschrank stellen.

6 Vor dem Servieren die Pfannkuchenrollen vorsichtig in etwa 3 cm breite Scheiben schneiden. Dafür 6–8 Partypicker in jede Pfannkuchenrolle stecken (Stepfoto). Zwischen den Partypickern schneiden (so rollen sie sich nicht ab). Die Röllchen, nach Belieben in Papierförmchen, auf eine Platte setzen.

AUSSERDEM:
1 Mixer (Rührstäbe)
1 Pürierstab
1 beschichtete Pfanne (ø etwa 26 cm)
1 Pfannenwender
30–40 Partypicker
evtl. 30–40 Muffin-Papierbackförmchen

DU BRAUCHST:
250 g Weizenmehl
3 Eier (Größe M)
250 ml Milch (3,5 % Fett)
125 ml Mineralwasser mit Kohlensäure
1 gestr. TL Salz
1 Bund Petersilie
4 EL TK-Gartenkräuter

250 g Speisequark (20 % Fett)
3 TL Sahnemeerrettich (aus Glas oder Tube)
2 EL TK-Gartenkräuter
1/2 gestr. TL Salz
gem. Pfeffer

10 dünne Scheiben Räucherlachs (etwa 400 g)
40 g Margarine oder 4 EL Speiseöl

BUNTE PARTYSPIESSE (TITEL)

6 SPIESSE • ZUBEREITUNGSZEIT: 30 MINUTEN • GRILLZEIT: ETWA 15 MINUTEN

DU BRAUCHST:

400 g Hähnchenbrustfilet
2 rote Zwiebeln
2 Äpfel, z. B. Boskop
2 EL Olivenöl
Salz
gem. Pfeffer
1 TL gerebelter Thymian

1 Schalotte
1 Knoblauchzehe
1 Tomate
200 g Tomatenketchup
2 gestr. TL Currypulver

AUSSERDEM:
6 Holzspieße
(je etwa 25 cm lang)
1 Backblech
1 Bogen Alufolie

1. Hähnchenbrustfilet unter fließendem kalten Wasser abspülen, trocken tupfen und in etwa 3 cm große Würfel schneiden. Zwiebeln abziehen, vierteln und etwas zerteilen. Äpfel schälen, achteln und das Kerngehäuse herausschneiden. Hähnchenbrustfiletwürfel, Apfel- und Zwiebelstücke in eine flache Schale legen, mit Olivenöl beträufeln. Mit Salz, Pfeffer und Thymian würzen. Die Zutaten gut vermischen und etwa 10 Minuten zudeckt stehen lassen (marinieren).
2. Den Backofengrill auf etwa 240 °C vorheizen.
3. Filetwürfel, Apfel- und Zwiebelstücke abwechselnd auf die Spieße stecken. Die Partyspieße auf das Backblech (mit Alufolie belegt) legen.
4. Das Backblech auf dem mittleren Rost unter den vorgeheizten Grill schieben. Die Spieße etwa 15 Minuten unter mehrmaligem Wenden grillen (Achtung: sehr heiß, Topflappen verwenden).
5. Für den Dip Schalotte und Knoblauch abziehen, in kleine Würfel schneiden. Tomate abspülen, trocken tupfen, halbieren und den Stängelansatz herausschneiden. Tomatenhälften in kleine Würfel schneiden, mit Zwiebel- und Knoblauchwürfeln mischen. Den Ketchup unterrühren, dann mit Curry würzen. Den Dip zu den Hähnchenspießen reichen.

Für vegetarische Kartoffel-Käse-Spieße benötigst du 12 gekochte kleine Pellkartoffeln (Drillinge), 8 Cocktailtomaten, 250 g Grillkäse (z. B. Halloumi), 2 Esslöffel Olivenöl, 3 Stängel Rosmarin, etwas Salz und Pfeffer. Zunächst die Tomaten abspülen, trocken tupfen und evtl. die Stängelansätze entfernen. Grillkäse in 12 je 3 cm große Würfel schneiden. Pellkartoffeln, Tomaten und Käsewürfel in eine Schüssel geben. Olivenöl, Rosmarin (abgespült und trocken getupft), Salz und Pfeffer hinzugeben und alles gut vermischen. Die Zutaten abwechselnd auf Spieße stecken und wie oben unter Punkt 4 beschrieben 10–12 Minuten grillen. Bereite dazu einen Dip aus 250 g Magerquark, 3 Esslöffeln Joghurt (3,5 % Fett), 3 Esslöffeln Schnittlauchröllchen und 1 Esslöffel fein geschnittener Petersilie zu. Alles in eine Schüssel geben, verrühren, mit Salz und Pfeffer abschmecken.

Tipps: Kleine Partyspieße (Titelbild) lassen sich besonders dekorativ auf einer Etagere anrichten. Zubereitung und Grillzeit ändern sich nicht. Du brauchst dann etwa 18 kurze Spieße je Rezept.

VEGGIE-WRAPS

8 PORTIONEN • ZUBEREITUNGSZEIT: 45 MINUTEN

1 Salat putzen, abspülen, abtropfen lassen, trocken tupfen oder schleudern und in feine Streifen schneiden. Möhren putzen, schälen, abspülen, abtropfen lassen und grob raspeln. Paprikaschote halbieren, entstielen, entkernen und die weißen Scheidewände entfernen. Schotenhälften abspülen, abtropfen lassen und in feine, lange Streifen schneiden.

2 Salatcreme mit Joghurt in einer Schüssel verrühren. Mit Salz, Pfeffer und 1 Prise Curry pikant würzen. Dann den Mais untermischen.

3 Tortilla-Fladen in einer heißen Pfanne ohne Fett nach Packungsanleitung kurz erhitzen, herausnehmen und erkalten lassen. Jeden Tortilla-Fladen mit einem Achtel der Salatstreifen, Möhrenraspel und Paprikastreifen belegen. Die Mais-Joghurt-Salatcreme-Mischung gleichmäßig darauf verteilen. Auf jeden belegten Fladen 20 g Käse streuen.

4 Zwei gegenüberliegende Seiten der Tortilla-Fladen zur Mitte hin leicht einklappen. Von einer der anderen Seiten aus Tortillas möglichst fest aufrollen. Mittig schräg durchschneiden, in eine Serviette wickeln und in Gläsern servieren.

DU BRAUCHST:

1/2 Eisbergsalat
2 mittelgroße Möhren
1 gelbe Paprikaschote
175 g Joghurt-Salatcreme
100 g Joghurt (3,5 % Fett)
Salz
gem. Pfeffer
1 Prise Currypulver
140 g abgetropfter Gemüsemais (aus der Dose)

8 Weizen-Tortilla-Fladen (aus dem Brotregal)
160 g ger. Käse, z. B. mittelalter Gouda oder Emmentaler

AUSSERDEM:

1 Haushaltsreibe

FÜR DEN VEGGIE-DONNERSTAG

Tipp: Die Wraps lassen sich sehr gut schon am Vortag zubereiten. Dafür rollst du die Tortillas wie unter Punkt 4 beschrieben auf. Wickle sie dann fest in Frischhaltefolie und lege sie bis zum Servieren in den Kühlschrank. Vor dem Servieren einfach durchschneiden und hübsch anrichten.

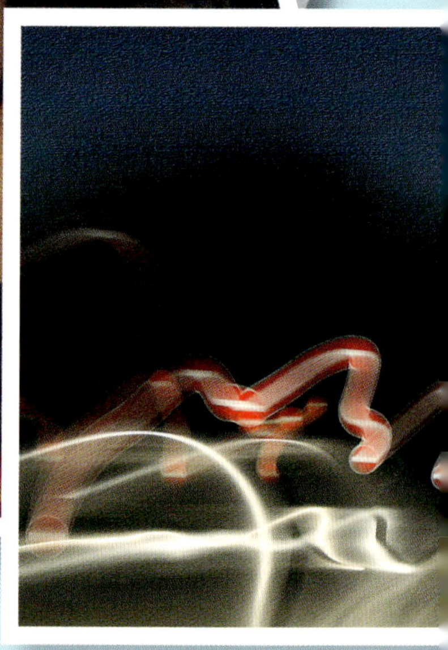

PIZZA, PITA, PARTY

KLEINE PIZZABRÖTCHEN

20 STÜCK • ZUBEREITUNGSZEIT: 45 MINUTEN • BACKZEIT: 18–20 MINUTEN

DU BRAUCHST:

400 g Kochschinken
1 rote Paprikaschote
1 mittelgroße Zwiebel
1 Knoblauchzehe
250 g ger. Gouda
150 g Crème fraîche
1/2 gestr. TL Salz
gem. Pfeffer
1–2 TL Pizzagewürz

10 Mini-Ciabatta-Brötchen zum Aufbacken (300-g-Packung, aus dem Brotregal)

AUSSERDEM:

1 Backblech
1 Bogen Backpapier

LIEGEN GUT IN DER HAND

1 Kochschinken in feine Würfel schneiden, in eine Schüssel geben. Paprikaschote halbieren, entstielen, entkernen und die weißen Scheidewände entfernen. Schotenhälften abspülen, trocken tupfen, in feine Würfel schneiden und ebenfalls in die Schüssel geben. Zwiebel und Knoblauch abziehen und fein würfeln, in die Schüssel geben. Gouda und Crème fraîche hinzugeben. Alle Zutaten gut miteinander verrühren. Die Masse mit Salz, Pfeffer und Pizzagewürz würzen.

2 Das Backblech mit Backpapier belegen. Die Ciabatta-Brötchen waagerecht durchschneiden.

3 Den Backofen vorheizen. Ober-/Unterhitze: etwa 180 °C, **Heißluft:** etwa 160 °C.

4 Von der Masse für den Belag auf jede Brötchenhälfte 1–1 ½ Esslöffel geben. Mit einem Tafelmesser gleichmäßig bis zum Rand hin verstreichen. Dabei die Masse andrücken. Die bestrichenen Brötchenhälften mit etwas Abstand auf das Backblech legen. Das Backblech in den vorgeheizten Backofen schieben. Die Pizzabrötchen 18–20 Minuten backen.

5 Das Backblech aus dem Backofen nehmen (Achtung: sehr heiß, Topflappen verwenden) und auf einen Kuchenrost stellen. Brötchen heiß, lauwarm oder kalt servieren.

Variante Gemüsebelag: 200 g vorbereitete Frühlingszwiebeln in feine Scheiben schneiden. 2 Möhren putzen, abspülen, abtropfen lassen und fein würfeln. 285 g Gemüsemais (aus der Dose) in einem Sieb abtropfen lassen. 1 Knoblauchzehe abziehen und durch eine Knoblauchpresse drücken. Die Zutaten in eine Rührschüssel geben und mit 250 g geriebenem Gouda und 150 g Crème fraîche zu einer glatten Masse verrühren. Mit ½ gestrichenem Teelöffel Salz, 1 Prise Pfeffer und ½ gestrichenen Teelöffel Paprikapulver edelsüß würzen.

Tipp: Du kannst den Kochschinken durch die gleiche Menge Salami oder 2 Dosen Tunfisch naturell (Abtropfgewicht 140 g, in eigenem Saft) ersetzen. Tunfisch in einem Sieb abtropfen lassen, in eine Schüssel geben und mit 2 Gabeln kleiner zupfen. In beiden Fällen kein Salz in die Masse für den Belag geben, da Salami und Tunfisch würzig genug sind.

GEMÜSE-PITA MIT JOGHURT-DIP

12 STÜCK
ZUBEREITUNGSZEIT: 45 MINUTEN

1. Die Salatblätter abspülen, trocken tupfen, in schmale Streifen schneiden oder klein zupfen. Gemüsezwiebel abziehen, erst in feine Scheiben schneiden, dann in Ringe teilen. Gurke abspülen, abtrocknen und die Enden abschneiden. Gurke in Scheiben schneiden. Tomaten abspülen, trocken tupfen und in dünne Scheiben schneiden, dabei die Stängelansätze herausschneiden. Den Käse vorsichtig in dünne Scheiben schneiden. Tomaten- und Käsescheiben mit Salz, Pfeffer und Oregano würzen.

2. Für den Dip Joghurt mit Öl und Knoblauch verrühren, mit Salz und Pfeffer abschmecken.

3. Die Pita-Brottaschen nach Packungsanleitung toasten. Brottaschen auf- aber nicht durchschneiden, mit vorbereitetem Salat, Zwiebeln, Gurken-, Tomaten- und Käsescheiben füllen. Die gefüllten Brottaschen mit der geschlossenen Seite jeweils in eine Serviette legen. Die Gemüse-Pita auf eine Platte oder in eine schöne, saubere Kiste (z. B. Mandarinenkiste) legen. Den Joghurt-Dip separat dazu servieren.

DIE SIND VEGGIE

DU BRAUCHST:

6 große Blätter Eisbergsalat
1 Gemüsezwiebel
1 Salatgurke
6 mittelgroße Tomaten
400 g fester Feta- oder Hirtenkäse
etwas Salz
gem. Pfeffer
1 gestr. TL gerebelter Oregano

500 g griechischer Joghurt (10 % Fett)
4 EL Olivenöl
4 Knoblauchzehen (sehr fein gehackt)
Salz
gem. Pfeffer

12 Pita-Brottaschen (z. B. aus dem Brotregal)

AUSSERDEM:

1 kleiner Gefrierbeutel
2–3 Backbleche
etwas Fett
2–3 Bögen Backpapier

TIPPS: Du kannst die Zutaten vorbereitet bereitstellen, dann kann sich jede/r sein Pita-Brot nach eigenem Geschmack füllen. Wer mag, gibt einige Oliven oder milde Peperonischoten mit in das Pita-Brot. Sehr lecker schmecken auch frische Pita-Brote. Du bekommst sie in türkischen Lebensmittelgeschäften. Statt Joghurt-Dip kannst du fertiges Zaziki (etwa 600 g, aus dem Kühlregal) oder das Zaziki von Seite 8/9 verwenden.

FETA-GEMÜSE-RÖLLCHEN

ETWA 22 STÜCK • ZUBEREITUNGSZEIT: 45 MINUTEN • AUSBACKZEIT: INSGESAMT 16–20 MINUTEN

DU BRAUCHST:

310 g abgetropfte geröstete Paprikahälften (aus dem Glas)
2 Knoblauchzehen, 2 kleine Tomaten, 1/2 Bund glatte Petersilie
200 g Feta- oder Hirtenkäse
1/2 TL fein abgeriebene Zitronenschale von 1 Bio-Zitrone (unbehandelt, ungewachst)
1/2 gestr. TL Salz, gem. Pfeffer
1/2 gestr. TL gem. Kreuzkümmel (Cumin)
1 Pck. dreieckige Yufka-Teigblätter (360 g)

etwa 250 ml Speiseöl, z. B. Olivenöl

AUSSERDEM:

1 große, tiefe Pfanne (Ø 28 cm)

1 Die Paprikahälften mit Küchenpapier trocken tupfen. Paprikahälften in feine Würfel schneiden und in eine Schüssel geben. Knoblauch abziehen, sehr fein würfeln und zu den Paprikawürfeln geben. Tomaten abspülen, trocken tupfen, halbieren und die Stängelansätze herausschneiden. Tomatenhälften ebenfalls in sehr feine Würfel schneiden und in die Schüssel geben. Petersilie abspülen und trocken tupfen. Die Blättchen von den Stängeln zupfen. Blättchen klein schneiden, mit in die Schüssel geben.

2 Feta- oder Hirtenkäse mit den Händen direkt fein in die Schüssel zerbröseln. Die Zitronenschale untermischen. Die Gemüse-Käse-Mischung mit Salz, Pfeffer und Kreuzkümmel würzen. Alle Zutaten gut miteinander vermengen.

3 Jeweils ein Yufka-Teigblatt auf ein Küchenbrett legen und dünn mit etwas Öl bestreichen. Je einen Esslöffel der Gemüse-Käse-Mischung auf der gerundeten Seite der Teigblätter verteilen, dabei die Ränder etwa 2 cm frei lassen. Die Rundung und die Seiten etwa 2 cm einklappen. Die Teigdreiecke jeweils zur Spitze hin möglichst fest aufrollen. Dabei darauf achten, dass die Füllung ganz mit Teig umschlossen ist. Die Ränder leicht andrücken.

4 Ein Viertel des restlichen Olivenöls in der Pfanne erhitzen. 4–5 Teigrollen darin bei mittlerer Hitze 4–5 Minuten unter gelegentlichem Wenden von allen Seiten knusprig braun ausbacken (Achtung: Spritzgefahr). Feta-Gemüse-Röllchen mit einem Schaumlöffel herausnehmen, auf eine Platte (mit Küchenpapier belegt) legen und abtropfen lassen. Die restlichen Röllchen unter portionsweiser Zugabe des Olivenöls ebenso ausbacken.

Tipps: Zu den Feta-Gemüse-Röllchen schmeckt ein frisch-würziger Joghurt-Kräuter-Dip. Dazu 200 g Joghurt mit Salz, Pfeffer und 1 zerdrückten Knoblauchzehe verrühren. 2 Esslöffel Olivenöl und 2–3 Esslöffel gehackte Kräuter nach Geschmack (z. B. Basilikum, Petersilie, Koriander oder Minze) und 1 Esslöffel Zitronensaft gut unterrühren. Die Röllchen schmecken auch kalt sehr gut.

MINI-HOT-DOGS

24–32 STÜCK • ZUBEREITUNGSZEIT: 45 MINUTEN • BACKZEIT: 12–15 MINUTEN

1 Die Würstchen abtropfen lassen. Das Backblech mit Backpapier belegen.

2 Den Backofen vorheizen. **Ober-/Unterhitze:** 200 °C, **Heißluft:** 180 °C.

3 Die Brötchen nach Packungsanleitung aus der Packung lösen und auf eine leicht mit Mehl bestäubte Arbeitsfläche legen. Teigstücke kreuzweise vierteln. Teigviertel mit den Fingern ausziehen, sodass du je ein Würstchen „einpacken" kannst. Beim „Einpacken" darauf achten, dass das Würstchen vollständig vom Teig umschlossen ist. Nähte gut andrücken. Mit der Nahtstelle nach unten auf das Backblech legen. Mini-Hot-Dogs mit Milch bestreichen. Mehl in ein kleines Sieb geben und die Brötchen dünn damit bestäuben. Das Backblech in den vorgeheizten Backofen schieben. Die Mini-Hot-Dogs **12–15 Minuten backen.**

4 In der Zwischenzeit die Gewürzgurken längs in dünne Scheiben schneiden. Gurkenscheiben und Röstzwiebeln getrennt in Schälchen anrichten.

5 Das Backblech aus dem Ofen nehmen (Achtung: sehr heiß, Topflappen verwenden). Das Backpapier mit den Mini-Hot-Dogs auf einen Kuchenrost ziehen und die Mini-Hot-Dogs etwas abkühlen lassen.

6 Zum Servieren die Mini-Hot-Dogs mit einem Sägemesser vorsichtig auf- aber nicht durchschneiden. Hot-Dogs auf eine Platte legen. Gurkenscheiben, Röstzwiebeln, Ketchup, Mayonnaise und Senf dazustellen. So können die Mini-Hot-Dogs individuell belegt werden.

Tipps: Möchtest du die Hot-Dogs fertig gefüllt anbieten, stecke kurze Holzstäbchen (z. B. Zahnstocher) von oben nach unten hinein. So halten sie gut zusammen. Vegetarische Tofuwürstchen eignen sich – in etwa 3 cm lange Stücke geschnitten – ebenfalls sehr gut zum Füllen der Brötchen. Oder statt der Mini-Würstchen 2–3 dünne Wiener Würstchen vom Metzger nehmen und in etwa 3 cm lange Stücke schneiden. Ketchup und Mayonnaise gibt es fertig gemischt in Tuben. Das sieht schön aus und ist sehr praktisch.

AUSSERDEM:
1 Backblech
1 Bogen Backpapier
evtl. 24–32 kurze Holzspieße, z.B. Zahnstocher

ZUM VORBEREITEN:
24–32 Mini-Würstchen (je nach Menge der Sonntagsbrötchen, aus dem Glas)
1 Pck. Sonntagsbrötchen (6 oder 8 Stück, aus dem Kühlregal)
2 EL Milch (3,5 % Fett)
1 gestr. EL Weizenmehl (zum Bestäuben)

6–8 abgetropfte kleine Gewürzgurken (aus dem Glas)
2–3 EL Röstzwiebeln (aus der Packung)

Ketchup
Mayonnaise
Senf

WEDGES MIT DIY-KETCHUP

5 PORTIONEN • ZUBEREITUNGSZEIT: 45 MINUTEN • BACKZEIT KARTOFFELWEDGES: ETWA 45 MINUTEN

DU BRAUCHST:

800 ml Tomatensaft
100 ml Rotweinessig
150 g Tomatenmark
1/2 Pck. (250 g) Dr. Oetker Extra Gelierzucker (2:1)
1 gestr. TL gerebelter Oregano
1/2 gestr. TL gem. Nelken
1/2 gestr. TL gem. schwarzer Pfeffer
1 gestr. TL Paprikapulver (edelsüß oder rosenscharf)
1 EL Sambal Olek
1/2 gestr. TL Salz

1 1/2 kg mittelgroße festkochende Kartoffeln
2–3 EL Olivenöl
1–2 gestr. EL grobes Meersalz

evtl. 1–2 gestr. EL Kümmel- oder Sesamsamen

AUSSERDEM:

2 hitzebeständige Flaschen je 500 ml Inhalt, mit Deckel
1 Trichter
1 Backblech
1 Bogen Backpapier
2 Pfannenwender

1 Für den Tomatenketchup Flaschen und Deckel heiß ausspülen und zum Abtropfen beiseitestellen.

2 Tomatensaft, Essig, Tomatenmark und Gelierzucker in einen großen Topf geben und mit einem Schneebesen glatt rühren. Gewürze hinzugeben und unterrühren. Mit Salz abschmecken. Die Zutaten bei starker Hitze unter Rühren zum Kochen bringen (Achtung: Spritzgefahr) und unter ständigem Rühren mindestens 3 Minuten sprudelnd kochen lassen. Nochmals probieren und bei Bedarf nachwürzen (Achtung: sehr heiß). Den Ketchup mithilfe des Trichters in die Flaschen füllen. Flaschen sofort verschließen, 5 Minuten auf den Kopf stellen (damit nichts umfällt: z. B. in einem Topf), anschließend vollständig erkalten lassen.

3 Den Backofen vorheizen. Ober- und Unterhitze: etwa 200 °C, Heißluft: 180 °C.

4 In der Zwischenzeit für die Kartoffel-Wedges die Kartoffeln unter fließendem kalten Wasser gründlich abwaschen, evtl. abbürsten und gut abtropfen lassen. Die Kartoffeln der Länge nach in 4 oder 6 Spalten (Wedges) schneiden. Kartoffel-Wedges in eine große Schüssel geben. Öl und Meersalz (evtl. Kümmel- oder Sesamsamen) hinzugeben und alles gründlich vermischen.

5 Das Backblech mit Backpapier belegen. Die Kartoffel-Wedges auf dem Backblech verteilen. Backblech auf mittlerer Einschubleiste in den vorgeheizten Backofen schieben. Kartoffel-Wedges etwa 45 Minuten backen, dabei nach der Hälfte der Backzeit mit den Pfannenwendern umdrehen, damit sie von allen Seiten braun und knusprig werden (Achtung: sehr heiß, Topflappen verwenden).

6 Kartoffel-Wedges auf einen Kuchenrost stellen und mit dem Tomatenketchup servieren.

Tipp: Im Kühlschrank hält sich der Ketchup etwa 2 Wochen. Vor dem Servieren umrühren oder die Flasche schütteln.

Variante: Für Bacon Wedges zusätzlich 150–200 g Bacon (die genaue Menge des Bacons hängt von der Dicke der Kartoffeln ab) längs in dünne Streifen teilen. Zum Würzen der Ölmischung dann nur 1 gestrichenen Teelöffel Meersalz verwenden. Baconstreifen um die gewürzten Kartoffel-Wedges wickeln (nach Punkt 4) und wie im Rezept unter Punkt 5 beschrieben backen.

ROSMARINECKEN MIT GUACAMOLE

ETWA 50 STÜCK
ZUBEREITUNGSZEIT: 60 MINUTEN
TEIGGEHZEIT: ETWA 35 MINUTEN
BACKZEIT: ETWA 7 MINUTEN JE BACKBLECH

DU BRAUCHST:

- 65 g Weizenmehl (Type 550)
- 65 g Vollkorn-Weizenmehl
- 2 gestr. TL (1/2 Pck.) Dr. Oetker Trockenbackhefe
- 1 gestr. TL gerebelter Rosmarin
- 1/2 gestr. TL Zucker
- knapp 1 gestr. TL Salz
- 50 ml lauwarmes Wasser
- 3 EL Olivenöl
- 1 Schalotte oder 1 kleine Zwiebel
- 1 Knoblauchzehe
- 6–8 Basilikumblätter (abgespült, trocken getupft)
- 1 reife Avocado
- Saft von 1 Limette
- 1/2 gestr. TL Salz
- evtl. etwas Cayennepfeffer

AUSSERDEM:

- 1 kleiner Gefrierbeutel
- 2–3 Backbleche
- etwas Fett
- 2–3 Bögen Backpapier
- 1 Teigrolle
- 1 Mixer (Knethaken)
- 1 Pürierstab

1 Für den Teig beide Mehlsorten in eine Rührschüssel geben und mit der Trockenbackhefe sorgfältig vermischen. Rosmarin zunächst zwischen den Fingern zerreiben, dann mit Zucker, Salz, Wasser und Olivenöl in die Rührschüssel geben. Die Zutaten mit dem Mixer (Knethaken) zunächst auf niedrigster, dann auf höchster Stufe in etwa 5 Minuten zu einem glatten Teig verarbeiten. Den Teig leicht mit Mehl bestäuben und an einem warmen Ort so lange gehen lassen, bis er sich sichtbar vergrößert hat (etwa 30 Minuten).

2 Für die Guacomole Schalotte oder Zwiebel und Knoblauch abziehen. Beides grob hacken und in einen hohen Rührbecher geben. Die Basilikumblätter hinzugeben. Avocado halbieren und entsteinen. Das Fruchtfleisch mit einem Löffel aus der Schale lösen und ebenfalls in den Rührbecher geben. Limettensaft, Salz und evtl. Cayennepfeffer hinzugeben. Die Zutaten mit dem Pürierstab zu einem glatten Dip pürieren. Guacamole mit Salz und evtl. Cayennepfeffer abschmecken, dann sofort mit Frischhaltefolie belegen, so bleibt sie grün. Guacamole bis zum Servieren in den Kühlschrank stellen.

3 Die Backbleche mit Backpapier belegen. Teig aus der Schüssel nehmen und auf einer leicht mit Mehl bestäubten Arbeitsfläche mit den Händen kurz durchkneten. Dann etwa 3 mm dünn zu einem Quadrat (etwa 26 x 26 cm) ausrollen. Teigquadrat erst längs, dann quer in etwa 5 cm breite Streifen schneiden – so entstehen 25 Quadrate (je etwa 5 x 5 cm). Jedes Quadrat diagonal halbieren. Teigecken mit etwas Abstand (25 Ecken je Backblech) auf die Backbleche legen und nochmals zugedeckt gehen lassen (etwa 5 Minuten).

4 In der Zwischenzeit den Backofen vorheizen.
Ober-/Unterhitze: etwa 200 °C, **Heißluft:** etwa 180 °C.

5 Die Backbleche nacheinander (bei Heißluft zusammen) in den vorgeheizten Backofen schieben. Die Rosmarinecken **etwa 7 Minuten je Backblech backen.**

6 Die Backbleche aus dem Backofen nehmen (Achtung: sehr heiß, Topflappen verwenden) und auf Kuchenroste stellen. Rosmarinecken erkalten lassen und mit der Guacamole servieren.

Tipp: Zu den Rosmarinecken schmeckt auch die Tomaten-Salsa von den Seiten 14/15 sehr gut.

FLAMMKUCHEN

5 STÜCK • ZUBEREITUNGSZEIT: 50 MINUTEN
TEIGGEHZEIT: ETWA 30 MINUTEN • BACKZEIT: 15–20 MINUTEN

1. Für den Teig Mehl mit Hefe in einer Rührschüssel sorgfältig vermischen. Salz, Olivenöl und Mineralwasser hinzugeben. Die Zutaten mit einem Mixer (Knethaken) zunächst kurz auf niedrigster, dann auf höchster Stufe in etwa 5 Minuten zu einem glatten Teig verarbeiten. Den Teig leicht mit Mehl bestäuben und zugedeckt so lange an einem warmen Ort gehen lassen, bis er sich sichtbar vergrößert hat (etwa 30 Minuten).

2. In der Zwischenzeit den Schmand in einer Schüssel mit Kräutern, Pfeffer und Muskatnuss verrühren, dann zugedeckt beiseitestellen.

3. Die Zwiebeln abziehen, erst in dünne Scheiben schneiden, dann in Ringe teilen. Schinkenwürfel in einer Pfanne ohne Fett bei mittlerer Hitze etwa 3 Minuten anbraten. Zwiebelringe hinzugeben und weitere etwa 3 Minuten unter ständigem Rühren goldgelb andünsten. Die Schinken-Zwiebel-Mischung auf einen Teller geben und beiseitestellen.

4. Das Backblech leicht einfetten (so rutscht das Backpapier nicht weg) und mit Backpapier belegen.

5. Den Backofen vorheizen. **Ober-/Unterhitze:** etwa 200 °C, **Heißluft:** etwa 180 °C.

6. Den Teig auf einer leicht mit Mehl bestäubten Arbeitsfläche mit den Händen kurz durchkneten, dann in 5 gleich große Portionen teilen. Teigstücke zu ovalen Fladen (etwa 12 x 20 cm) dünn ausrollen. Die Teigfladen mit etwas Abstand auf das Backblech legen und mit einer Gabel mehrmals einstechen.

7. Die Teigfladen mit je 2 Esslöffeln der Schmandmischung bestreichen, dabei am Rand etwa 1 cm frei lassen. Die beiseitegestellte Schinken-Zwiebel-Mischung gleichmäßig auf den Teigfladen verteilen, mit etwas Pfeffer würzen.

8. Das Backblech in den vorgeheizten Backofen schieben. Die Flammkuchen **15–20 Minuten backen.** Das Backblech aus dem Backofen nehmen (Achtung: sehr heiß, Topflappen verwenden) und auf einen Kuchenrost stellen. Flammkuchen heiß oder lauwarm servieren.

Variante für Vegetarier: Gib auf die Schmandschicht 200 g Mini-Roma- oder Cocktailtomaten (abgespült, trocken getupft, halbiert, Stängelansätze eventuell entfernt). Mit wenig Salz und Pfeffer bestreuen. Flammkuchen wie beschrieben backen. In der Zwischenzeit etwa 30 g Rucola (Rauke) verlesen, dicke Stängel abschneiden. Rucola abspülen, dann trocken tupfen. Größere Blätter einmal durchschneiden. Rucola nach dem Backen auf die Flammkuchen streuen.

Tipp: Die gebackenen Flammkuchen mit frischen Schnittlauchröllchen bestreuen.

DU BRAUCHST:

200 g Weizenmehl (Type 550)
2 gestr. TL (1/2 Pck.) Dr. Oetker Trockenbackhefe
1 gestr. TL Salz
1 EL Olivenöl
125 ml Mineralwasser mit Kohlensäure

200 g Schmand (Sauerrahm)
je 1 EL TK-Petersilie und Schnittlauch
gem. Pfeffer
1 Prise ger. Muskatnuss

2 mittelgroße Zwiebeln
125 g Schinkenwürfel

etwas Mehl zum Bestäuben

AUSSERDEM:

1 Backblech
etwas Fett
1 Bogen Backpapier
1 Mixer (Knethaken)

KÄSEWINDBEUTELCHEN MIT PESTO-CREME (TITEL)

24 STÜCK
ZUBEREITUNGSZEIT: 45 MINUTEN
ABKÜHLZEIT: ETWA 30 MINUTEN
BACKZEIT: ETWA 20 MINUTEN

DU BRAUCHST:

125 ml Wasser
25 g Butter oder Margarine
75 g Weizenmehl
15 g Speisestärke
1 Prise Salz
2–3 Eier (Größe M)
1/2 TL Dr. Oetker Backin
75 g ger. Emmentaler

200 g Doppelrahm-Frischkäse
3 EL Pesto
100 g feine Schinkenwürfel
1 Prise gem. schwarzer Pfeffer

etwas Paprikapulver, edelsüß oder rosenscharf

AUSSERDEM:
1 Stieltopf
1 Mixer (Knethaken)
1 Backblech
1 Bogen Backpapier

1. Für den Teig Wasser mit Butter oder Margarine in einem Stieltopf zum Kochen bringen. Mehl mit Speisestärke und Salz mischen, dann auf einmal in die von der Kochstelle genommene Flüssigkeit schütten. Mit einem Kochlöffel zu einem glatten Kloß rühren und unter Rühren etwa 1 Minute erhitzen (abbrennen). Am Boden des Topfes muss sich ein weißer Belag bilden. Den heißen Kloß dann sofort in eine Rührschüssel geben und etwas abkühlen lassen.

2. Den Backofen vorheizen. Ober-/Unterhitze: etwa 200 °C, Heißluft: etwa 180 °C.

3. Nacheinander 2 Eier mit dem Mixer (Knethaken) auf höchster Stufe unterarbeiten. Das letzte Ei verquirlen und portionsweise so viel davon unterrühren, dass der Teig stark glänzt und so vom Löffel abreißt, dass lange Spitzen hängen bleiben. Den Teig vollständig erkalten lassen. In der Zwischenzeit das Backblech leicht einfetten (so rutscht das Backpapier nicht weg) und mit Backpapier belegen. Backpulver in den erkalteten Teig einarbeiten. Den Käse ebenfalls unter den Teig rühren.

4. Den Teig mithilfe von 2 Teelöffeln in knapp walnussgroßen Häufchen mit etwas Abstand auf das Backblech setzen.

5. Das Backblech in den vorgeheizten Backofen schieben. Die Windbeutelchen etwa 20 Minuten backen. Während der ersten 15 Minuten der Backzeit die Backofentür nicht öffnen, da das Gebäck sonst zusammenfällt.

6. Sofort nach dem Backen die Windbeutelchen mit dem Backpapier vom Blech auf die Arbeitsfläche ziehen (Achtung: sehr heiß, Topflappen verwenden). Von jedem Windbeutelchen einen Deckel abschneiden (das geht am besten mit einer sauberen Küchenschere oder einem scharfen Sägemesser). Das Gebäck auf einem mit Backpapier belegten Kuchenrost erkalten lassen.

7. In der Zwischenzeit Frischkäse und Pesto in eine Schüssel geben und verrühren. Schinkenwürfel unterrühren und mit Pfeffer abschmecken. Die Füllung in einen Gefrierbeutel geben und den Beutel mit einem Clip fest verschließen. Von einer Spitze eine Ecke abschneiden und die Füllung in die Windbeutelchen spritzen. Die Deckel wieder auflegen. Gefüllte Käsewindbeutelchen mit Paprika bestäuben und auf einer Platte anrichten.

Tipp: Sehr lecker schmecken die Windbeutelchen auch, wenn du statt des Schinkens in Würfel geschnittenen Räucherlachs verwendest. Sollen die Windbeutelchen vegetarisch gefüllt werden, ersetze die Schinkenwürfel durch fein gewürfelten Emmentaler oder Gouda (Rezeptfoto). Das Pesto dann weglassen.

PIKANTE NUSS-STANGEN (TITEL)

ETWA 20 STÜCK • ZUBEREITUNGSZEIT: 30 MINUTEN
AUFTAU- UND RUHEZEIT: ETWA 25 MINUTEN • BACKZEIT: ETWA 15 MINUTEN JE BACKBLECH

DU BRAUCHST:
1 Pck. TK-Blätterteig (450 g)

100 g Rauchmandeln
50 g geröstete, gesalzene Cashewkerne
1 Eiweiß (Größe M)
1 Prise Cayennepfeffer

1 Eigelb (Größe M)
1 EL Milch

AUSSERDEM:
2 Backbleche
2 Bögen Backpapier

KNABBERSPASS

1 Den Blätterteig nach Packungsanleitung auftauen lassen. Backbleche mit Backpapier belegen.

2 Für den Belag Rauchmandeln und Cashewkerne mit einem Messer oder im Zerkleinerer hacken, dann in eine Schüssel geben. Eiweiß hinzufügen und alles gut miteinander vermengen. Die Mischung mit Cayennepfeffer würzen.

3 3 Blätterteigscheiben aufeinanderlegen und auf der bemehlten Arbeitsfläche dünn zu einem Rechteck (etwa 20 x 40 cm) ausrollen. Eigelb mit Milch verquirlen und den Blätterteig sehr dünn damit bestreichen. Restliche Eiermilch beiseitestellen. Die Hälfte der Nussmasse klecksweise auf einer Teighälfte (20 x 20 cm) verteilen und mit einem Messer verstreichen. Die zweite Teighälfte daraufklappen und gut andrücken (Stepfoto).

4 Das Blätterteigquadrat mit einem scharfen Messer in etwa 1 ½ cm breite Streifen schneiden. Die Streifen spiralförmig drehen und auf ein Backblech legen (Stepfoto). Die Enden auf dem Backpapier andrücken. Restliche Blätterteigscheiben und restliche Füllung auf die gleiche Weise verarbeiten und auf das andere Backblech legen. Spiralen 10 Minuten ruhen lassen.

5 In der Zwischenzeit den Backofen vorheizen.
Ober-/Unterhitze: etwa 200 °C, Heißluft: etwa 180 °C.

6 Die Teigseiten der Spiralen mit der restlichen beiseitegestellten Eiermilch bestreichen. Die Backbleche nacheinander (bei Heißluft zusammen) in den vorgeheizten Backofen schieben. Die Nuss-Stangen etwa 15 Minuten je Backblech backen. Die Nuss-Stangen mit dem Backpapier von den Backblechen auf Kuchenroste ziehen (Achtung: sehr heiß, Topflappen verwenden) und erkalten lassen.

SCHARFE PARTYBRÖTCHEN

10 PORTIONEN • ZUBEREITUNGSZEIT: 30 MINUTEN • BACKZEIT: ETWA 25 MINUTEN

DU BRAUCHST:

1 kleine Zwiebel
je 1 grüne und rote Paprikaschote
500 g Gehacktes (halb Rind-, halb Schweinefleisch)
150 g Kräuterschmelzkäse
1 gestr. TL Salz
1 Msp. gem. Pfeffer
2–3 Spritzer Tabasco oder
1 gestr. TL Paprikapulver rosenscharf

5 Brötchen (Semmeln)

1 EL Schnittlauchröllchen

IT'S HOT

AUSSERDEM:
1 Backblech
1 Bogen Backpapier
1 Mixer (Knethaken)

1 Das Backblech mit Backpapier belegen.

2 Die Zwiebel abziehen, halbieren und sehr fein würfeln. Paprikaschoten halbieren, entstielen, entkernen und die weißen Scheidewände entfernen. Schotenhälften abspülen, trocken tupfen und ebenfalls in feine Würfel schneiden. Das Hackfleisch in eine Rührschüssel geben. Zwiebelwürfel, Paprikawürfel, Schmelzkäse, Salz, Pfeffer und Tabasco oder Paprikapulver hinzugeben. Die Zutaten mit dem Mixer (Knethaken) zu einem glatten Teig verkneten.

3 Den Backofen vorheizen. **Ober-/Unterhitze:** etwa 200 °C, **Heißluft:** etwa 180 °C.

4 Die Brötchen quer durchschneiden. Hackfleischmasse gleichmäßig auf den Brötchenhälften verteilen. Dabei darauf achten, dass die Masse bis an den Rand gestrichen wird (so wird er schön knusprig). Die Masse etwas andrücken. Bestrichene Brötchenhälften auf das Backblech legen. Das Backblech in den vorgeheizten Backofen schieben. Die Brötchen **etwa 25 Minuten backen,** bis der Brötchenrand goldbraun ist.

5 Das Backblech aus dem Backofen nehmen (Achtung: sehr heiß, Topflappen verwenden) und auf einen Kuchenrost stellen. Brötchen auf einer Platte anrichten, mit Schnittlauchröllchen bestreuen und heiß, lauwarm oder kalt servieren.

Variante: Für **überbackene Mini-Partybrötchen** statt der „normalen" Brötchen 1 Packung Mini-Partybrötchen (aus dem Brotregal, zum Aufbacken) verwenden. Die Hackfleischmasse reicht für 16 Mini-Brötchenhälften. Wichtig: Die Brötchen dann nur **etwa 20 Minuten backen.**

Tipps: Gib 2 Teelöffel getrockneten Majoran, Thymian oder italienische Kräuter in die Hackfleischmasse. Du kannst vor dem Backen etwas geriebenen Käse auf die Brötchen streuen.

KNUSPERPÄCKCHEN

15 STÜCK • ZUBEREITUNGSZEIT: 40 MINUTEN • BACKZEIT: ETWA 15 MINUTEN

1 Blätterteig nach Packungsanleitung etwa 5 Minuten vor der Verarbeitung aus dem Kühlschrank nehmen. Backblech leicht einfetten (so rutscht das Backpapier nicht weg) und mit Backpapier belegen.

2 Die Teigplatte vorsichtig abrollen. Die Blätterteigplatte mithilfe eines Lineals zunächst in 15 Stücke (etwa 8 x 8 cm) einteilen und durch Eindrücken der Linealkante markieren. Eiweiß mit Wasser in eine kleine Schüssel geben und verquirlen. Die Teigplatte damit bestreichen. Die Blätterteigplatte an den Markierungen durchschneiden. Die Ecken der Teigstücke etwa 2 cm weit zur Mitte umschlagen und andrücken. Teigstücke auf das Backblech legen.

3 Den Backofen vorheizen. **Ober-/Unterhitze:** etwa 200 °C, **Heißluft:** etwa 180 °C.

4 Die Tomaten abspülen, trocken tupfen, halbieren und die Stängelansätze herausschneiden. Tomatenkerne entfernen und das Fruchtfleisch fein würfeln. Tomatenwürfel erst mit Käse mischen, dann mit Pfeffer würzen und abschmecken. Tomaten-Käse-Masse mithilfe von 2 Teelöffeln gleichmäßig in die Mitte der Teigstücke verteilen. Eigelb mit Wasser in einer kleinen Schüssel verquirlen. Die Ränder der Teigstücke damit bestreichen. Das Backblech in den vorgeheizten Backofen schieben und die Knusperpäckchen **etwa 15 Minuten backen.**

5 Das Backblech aus dem Backofen nehmen (**Achtung:** sehr heiß, Topflappen verwenden). Knusperpäckchen auf einen Kuchenrost legen und erkalten lassen. Mit gehackter Petersilie bestreuen und servieren.

DU BRAUCHST:
1 Pck. Blätterteig (270 g, aus dem Kühlregal, 42 x 24 cm)
1 Eiweiß (Größe M), 1 EL Wasser
200 g Tomaten, 200 g ger. Gouda, gem. Pfeffer
1 Eigelb (Größe M), 1 EL Wasser, 1 EL gehackte Petersilie

AUSSERDEM:
1 Backblech, 1 Bogen Backpapier
1 Lineal

PIZZA-DUO

12 STÜCKE • ZUBEREITUNGSZEIT: ETWA 45 MINUTEN •
BACKZEIT: 20–25 MINUTEN

DU BRAUCHST:

400 g Weizenmehl
1 Pck. Dr. Oetker Backin
250 g Magerquark
100 ml kaltes Wasser
6 EL Speiseöl, z.B. Rapsöl
1 TL Salz
1 Prise Zucker

250 g passierte Tomaten (aus Dose oder Tetrapak)
1/2 gestr. TL Salz
gem. schwarzer Pfeffer
1 TL gerebelter Oregano

150 g ger. Gouda

140 g abgetropfter Tunfisch naturell (aus der Dose)
1 kleine Zwiebel

2–3 mittelgroße Tomaten
125 g abgetropfter Mozzarella
2–3 Stängel Basilikum

etwas Mehl zum Bestäuben

AUSSERDEM:

1 Backblech
1 Bogen Backpapier
etwas Fett
1 Mixer (Knethaken)

Tipps: Möchtest du gleich 2 Bleche Pizza backen, bereite den Teig in 2 Portionen zu, dann lässt er sich leichter verarbeiten. Achte darauf, Tunfisch aus kontrolliertem Fischfang zu kaufen.

1. Das Backblech leicht einfetten (so rutscht das Backpapier nicht weg) und mit Backpapier belegen.

2. Mehl mit Backpulver in der Rührschüssel mischen. Quark, Wasser, Öl, Salz und Zucker hinzugeben. Die Zutaten mit dem Mixer (Knethaken) zunächst kurz auf niedrigster, dann auf höchster Stufe zu einem Teig verkneten. Der Teig soll etwas feucht und klebrig bleiben.

3. Teig und Arbeitsfläche leicht mit Mehl bestäuben. Den Teig auf die Arbeitsfläche geben und mit den Händen kurz zu einem glatten Teig verkneten. Den Teig in Größe des Backbleches zu einem Rechteck (etwa 30 x 40 cm) ausrollen. Den Teig vorsichtig von 2 Seiten zur Mitte hin falten. Den gefalteten Teig in die Mitte des Backpapiers legen und auf dem Backblech auseinanderfalten. Den Teigboden mehrmals mit einer Gabel einstechen (so geht er besser auf).

4. Den Backofen vorheizen. **Ober-/Unterhitze:** etwa 200 °C, **Heißluft:** etwa 180 °C.

5. Passierte Tomaten, Salz, Pfeffer und Oregano in einer kleinen Schüssel verrühren und pikant abschmecken. Tunfisch in eine Schüssel geben und mit einer Gabel auseinanderzupfen. Zwiebel abziehen, zunächst in Scheiben schneiden, dann in Ringe teilen. Tomaten abspülen, trocken tupfen, in dünne Scheiben schneiden. Die Stängelansätze dabei entfernen. Mozzarella ebenfalls in dünne Scheiben schneiden.

6. Die Tomatensauce mit einem Löffel auf dem Teig bis knapp zum Rand hin verstreichen. Den geriebenen Käse darauf verteilen. Eine Hälfte des Teiges mit Tunfisch belegen. Die Zwiebelringe daraufstreuen. Die andere Hälfte des Teiges mit Tomaten- und Mozzarellascheiben belegen. Das Backblech in den vorgeheizten Backofen schieben. Die Pizza **20–25 Minuten backen.**

7. Das Backblech aus dem Backofen nehmen (Achtung: sehr heiß, Topflappen verwenden) und auf einen Kuchenrost stellen.

8. Basilikum abspülen und trocken tupfen. Blättchen von den Stängeln zupfen. Die Blättchen auf der Tomaten-Mozzarella-Pizza verteilen.

BRÖTCHENKRANZ

12 BRÖTCHEN • ZUBEREITUNGSZEIT: 45 MINUTEN
TEIGGEHZEIT: ETWA 50 MINUTEN • BACKZEIT: ETWA 25 MINUTEN

DU BRAUCHST:

500 g Weizenmehl
1 Pck. (42 g) frische Hefe
1/2 TL Zucker
125 ml lauwarmes Wasser
125 ml lauwarme Milch
1 gestr. TL Salz
150 g Frischkäse mit Kräutern

etwas Mehl zum Bestäuben

AUSSERDEM:
1 Mixer (Knethaken)
1 Backblech
1 Bogen Backpapier

1 Mehl in eine Rührschüssel geben und in die Mitte eine Vertiefung drücken. Hefe hineinbröckeln, Zucker und etwa ein Drittel des Wassers hinzufügen, mit einer Gabel vorsichtig verrühren. Rührschüssel zudecken und den Teigansatz etwa 10 Minuten stehen lassen.

2 Milch, Salz, Frischkäse und restliches Wasser hinzufügen. Die Zutaten mit einem Mixer (Knethaken) zunächst kurz auf niedrigster, dann auf höchster Stufe in etwa 5 Minuten zu einem glatten Teig verarbeiten. Den Teig zugedeckt so lange an einem warmen Ort gehen lassen, bis er sich sichtbar vergrößert hat (etwa 30 Minuten). Backblech leicht fetten (so rutscht das Backpapier nicht weg) und mit Backpapier belegen.

3 Anschließend den Teig leicht mit Mehl bestäuben, aus der Schüssel nehmen, auf einer leicht mit Mehl bestäubten Arbeitsfläche nochmals gut durchkneten und zu einer Rolle formen. Die Teigrolle in 12 gleich große Portionen teilen. Teigstücke zu runden Brötchen formen. Teigbrötchen mit 2–3 cm Abstand als Kranz auf das Backblech legen und leicht mit Mehl bestäuben. Mit einem sehr scharfen Messer die Brötchen an der Oberseite einschneiden. Dann nochmals zugedeckt so lange an einem warmen Ort gehen lassen, bis sie sich sichtbar vergrößert haben (etwa 20 Minuten).

4 Den Backofen vorheizen. **Ober-/Unterhitze:** etwa 200 °C, **Heißluft:** etwa 180 °C.

5 Das Backblech auf mittlerer Einschubleiste in den vorgeheizten Backofen schieben. Den Kranz **etwa 25 Minuten backen.** Anschließend den Brötchenkranz vorsichtig mit dem Backpapier auf einen Kuchenrost ziehen und erkalten lassen.

Tipps: Die Brötchen lassen sich vielseitig abwandeln. Knete zusätzlich eine halbe, fein gewürfelte rote Paprikaschote, 2 Esslöffel Röstzwiebeln, getrocknete Tomaten in Öl (abgetropft und fein geschnitten), Olivenringe oder 1 Esslöffel italienische Kräuter unter den Teig.

MINI-FOCACCIAS

16 STÜCK • ZUBEREITUNGSZEIT: 45 MINUTEN
TEIGGEHZEIT: ETWA 60 MINUTEN • BACKZEIT: ETWA 20 MINUTEN

DU BRAUCHST:

300 ml lauwarmes Wasser
1/2 Pck. (21 g) frische Hefe
2 TL frische, gehackte Rosmarinnadeln
550 g Weizenmehl
2 gestr. TL Salz
2 EL Olivenöl

500 g kleine Cocktailtomaten
16 abgetropfte Mini-Mozzarella-Kugeln (für die Hälfte der Focaccias)
16 TL Olivenöl
1–2 EL Fenchelsamen
gem. schwarzer Pfeffer
grobes Meersalz oder Fleur de Sel

AUSSERDEM:

1 Mixer (Knethaken)
2 Backbleche
2 Bögen Backpapier

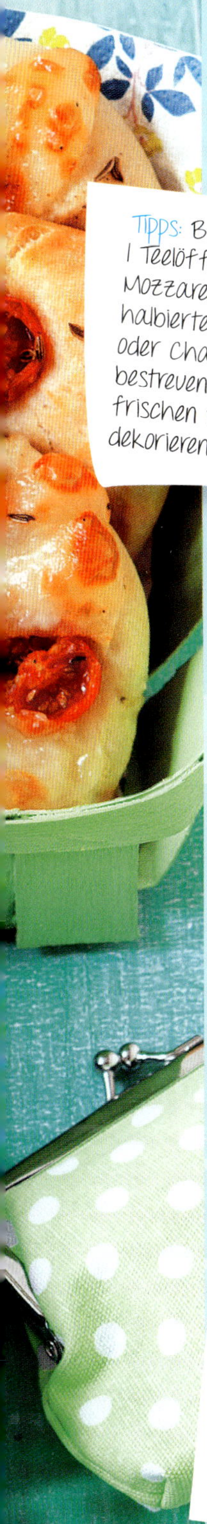

WIE IM URLAUB ...

Tipps: Bestreiche die Focaccias vor dem Backen jeweils mit 1 Teelöffel Tomatenketchup. Lege dann je 1 dünne Scheibe Mozzarella darauf. Dann kannst du, wenn du magst, kleine, halbierte Tomaten, Salamischeiben, Kochschinkenstreifen oder Champignons darauflegen und alles mit etwas Oregano bestreuen. Wie beschrieben backen. Vor dem Servieren mit frischen Basilikumblättchen (abgespült und trocken getupft) dekorieren.

1 Wasser in eine Schüssel geben. Hefe hineinbröckeln, Rosmarin hinzugeben. So lange rühren, bis sich die Hefe aufgelöst hat.

2 Mehl mit Salz in einer Rührschüssel mischen. Hefemischung und Olivenöl hinzugeben. Zutaten mit einem Mixer (Knethaken) zunächst kurz auf niedrigster, dann auf höchster Stufe in etwa 5 Minuten zu einem glatten Teig verarbeiten. Den Teig zugedeckt an einem warmen Ort so lange gehen lassen, bis er sich sichtbar vergrößert hat (etwa 30 Minuten).

3 Den Teig halbieren und jede Teigportion auf der leicht bemehlten Arbeitsfläche zu einer Rolle formen. Jede Teigrolle in 8 gleich große Stücke schneiden und diese mit den Händen zu jeweils kreisrunden, etwa 1 cm hohen Fladen drücken. Die Backbleche mit Backpapier belegen. Die Teigfladen darauflegen. Mit Frischhaltefolie zudecken und an einem warmen Ort gehen lassen, bis sie sich sichtbar vergrößert haben (etwa 30 Minuten).

4 Den Backofen vorheizen. **Ober-/Unterhitze:** etwa 220 °C, **Heißluft:** etwa 200 °C.

5 Tomaten abspülen, trocken tupfen, halbieren und evtl. die Stängelansätze herausschneiden. Frischhaltefolie entfernen, mit den Fingerspitzen viele kleine Mulden in die Teigfladen drücken. Mozzarellakugeln halbieren.

6 Die Tomatenhälften mit der Schale nach unten gleichmäßig auf den Fladen verteilen, mit Fenchelsamen bestreuen. 8 Fladen zusätzlich mit je 4 Mozzarella-Hälften belegen. Die Fladen mit je 1 Teelöffel Olivenöl besprenkeln und mit Pfeffer bestreuen. Die Backbleche nacheinander (bei Heißluft zusammen) in den vorgeheizten Backofen schieben. Die Focaccias **etwa 20 Minuten backen.**

7 Das Backblech auf einen Kuchenrost stellen (Achtung: sehr heiß, Topflappen verwenden). Die Focaccias mit etwas Meersalz bestreuen und erkalten lassen.

KÄSE-SCHINKEN-HÖRNCHEN

8 STÜCK • ZUBEREITUNGSZEIT: ETWA 30 MINUTEN • BACKZEIT: ETWA 25 MINUTEN

1 Das Backblech leicht einfetten (so rutscht das Backpapier nicht weg) und mit Backpapier belegen.

2 Mehl mit Backpulver in einer Rührschüssel mischen. Quark, Milch, Öl, Eiweiß und Salz hinzufügen. Alles mit dem Mixer (Knethaken) erst kurz auf niedrigster, dann auf höchster Stufe zu einem glatten Teig verarbeiten (nicht zu lange kneten, da der Teig sonst klebt).

3 Anschließend den Teig auf einer leicht mit Mehl bestäubten Arbeitsfläche zu einer Kugel formen. Die Teigkugel mit einer Teigrolle zu einem Kreis (Ø etwa 35 cm) ausrollen. Teigkreis in 8 „Tortenstücke" schneiden. Schinken in sehr feine Streifen oder Würfel schneiden und gleichmäßig auf den Teigstücken (**Stepfoto**) verteilen. Käse ebenfalls gleichmäßig daraufstreuen. Die Füllung leicht andrücken. Die Teigstücke von der breiten Seite aus zu Hörnchen aufrollen (**Stepfoto**) und auf das Backblech legen.

4 Den Backofen vorheizen. **Ober-/Unterhitze:** etwa 180 °C, **Heißluft:** etwa 160 °C.

5 Eigelb mit Milch verrühren, die Hörnchen damit bestreichen. Hörnchen mit Pfeffer und Sesam bestreuen. Das Backblech auf mittlerer Einschubleiste in den vorgeheizten Backofen schieben. Die Hörnchen **etwa 25 Minuten backen.**

6 Das Backblech auf einen Kuchenrost stellen (Achtung: sehr heiß, Topflappen verwenden). Die Käse-Schinken-Hörnchen schmecken warm und kalt.

Tipp: Die Füllung kannst du beliebig ändern. Für Vegetarier verzichte auf den Schinken. Du kannst dann fein geraspelte Zucchini- oder Paprikastreifen statt des Schinkens mit einrollen.

DU BRAUCHST:
250 g Weizenmehl
3 gestr. TL Dr. Oetker Backin
125 g Magerquark
50 ml Milch
50 ml Speiseöl,
z. B. Sonnenblumenöl
1 Eiweiß (Größe M)
1/2 gestr. TL Salz
100 g Kochschinken
100 g ger. Gouda
1 Eigelb (Größe M)
1 EL Milch

etwas Mehl zum Bestäuben
grob gem. Pfeffer
Sesamsamen, geschält

AUSSERDEM:
1 Backblech
1 Bogen Backpapier
1 Mixer (Knethaken)
1 Teigrolle

ALL YOU NEED IS LOVE AND... DESSERTS.

OBSTSALAT

10 PORTIONEN • ZUBEREITUNGSZEIT: 45 MINUTEN

VOLL SONNE UND AROMA

DU BRAUCHST:
etwa 1 kg gemischtes Obst, je nach Geschmack und Saison (z. B. je 1 Apfel, kleine Mango, Nektarine, Pfirsich, Orange, Kiwi, Banane)
100 g Erdbeeren
3 EL Zitronensaft
1 EL Zucker oder Honig

250 g gut gekühlte Schlagsahne (mind. 30 % Fett)
1 Pck. Dr. Oetker Vanillin-Zucker

10 Eishörnchen

100 ml Schokoladensauce (aus der Flasche)
3–4 EL Krokantstreusel

AUSSERDEM:
1 Mixer (Rührstäbe)

1. Apfel schälen, vierteln und das Kerngehäuse entfernen. Mangofruchtfleisch vom Stein schneiden und schälen. Nektarine und Pfirsich abspülen, trocken tupfen, halbieren und entsteinen. Das vorbereitete Obst in mundgerechte Stücke schneiden und in eine Schüssel geben. Die Orange so schälen, dass die weiße Haut mitentfernt wird, dann mit einem scharfen Sägemesser (Achtung: vorsichtig) die Filets herausschneiden. Den Saft dabei auffangen und mit den Orangenfilets in die Schüssel geben.

2. Kiwi und Banane schälen. Banane waagerecht halbieren, Kiwi vierteln und alles in Scheiben schneiden. Erdbeeren abspülen, gut abtropfen lassen, entstielen und in Stücke schneiden. Kiwi-, Bananen- und Erdbeerstücke ebenfalls in die Schüssel geben. Zitronensaft, Zucker oder Honig hinzugeben und vorsichtig vermengen. Obstsalat mit Frischhaltefolie zudecken und bis zum Servieren in den Kühlschrank stellen.

3. Die Sahne mit dem Mixer (Rührstäbe) steif schlagen, den Vanillin-Zucker dabei einrieseln lassen.

4. Obstsalat, Eishörnchen, Vanillesahne, Schokoladensauce und Krokantstreusel so bereitstellen, dass sich alle ihr Hörnchen selbst füllen können.

TIPPS: Dazu schmeckt auch cremig gerührter Joghurt. Eishörnchen bekommst du entweder im Supermarkt oder du fragst in einer Eisdiele, ob sie dir einige leere Hörnchen verkaufen. Der Obstsalat lässt sich beliebig abwandeln, je nach Saison und Geschmack.

JOGHURT-PANNA-COTTA

8–10 PORTIONEN • ZUBEREITUNGSZEIT: 45 MINUTEN • KÜHLZEIT: ETWA 6 STUNDEN

AUGEN SCHLIESSEN UND GENIESSEN

1 Gelatine in kaltem Wasser nach Packungsanleitung einweichen. Vanilleschote längs aufschneiden und das Mark mit einem Messerrücken herausschaben.

2 Sahne mit Zucker, Vanilleschote und -mark in einem kleinen Topf zum Kochen bringen. Den Topf von der Kochstelle nehmen. Die Gelatine gut ausdrücken und in der heißen Sahne unter Rühren vollständig auflösen. Joghurt hinzugeben und mit einem Schneebesen glatt rühren. Die Vanilleschote entfernen. Die Sahne-Joghurt-Masse in den Tassen oder Gläsern (kalt ausgespült) verteilen. Die Tassen oder Gläser mit Frischhaltefolie zudecken und etwa 6 Stunden in den Kühlschrank stellen.

3 Die Erdbeeren fast auftauen lassen (sie können noch einen leicht gefrorenen Kern haben). Erdbeeren mit Zucker und Zitronensaft in einen Rührbecher geben, mit dem Pürierstab fein pürieren und zugedeckt in den Kühlschrank stellen.

4 Die braune Schale vom Kokosnuss-Fruchtfleisch abschälen. Das Fruchtfleisch fein raspeln. Kokosraspel kurz vor dem Servieren gut mit dem Sirup oder der Speisefarbe mischen.

5 Die Erdbeersauce auf 8–10 kleinen Tellern verteilen. Die Tassen oder Gläser aus dem Kühlschrank nehmen. Joghurt-Panna-Cotta am Rand mit einem kleinen Messer lösen. Die Tassen oder Gläser kurz in heißes Wasser tauchen. Joghurt-Panna-Cotta vorsichtig auf die Erdbeersauce stürzen und mit Kokosraspeln bestreuen.

Tipp: Ist dir das Auslösen der Kokosnuss zu mühsam, kannst du fertige Kokosraspel verwenden. Du brauchst dann etwa 100 g Kokosraspel.

DU BRAUCHST:
6 Blatt weiße Gelatine, 1 Vanilleschote, 400 g Schlagsahne (mind. 30 % Fett)
100 g Zucker, 500 g Joghurt (3,5 % Fett)

200 g TK-Erdbeeren, 50 g Zucker, 2 EL Zitronensaft, 100 g frisches Kokosnuss-Fruchtfleisch (aus dem Kühlregal), 2 EL Erdbeersirup oder 4 Tropfen rote Speisefarbe

AUSSERDEM:
8–10 Tassen oder Gläser (etwa 200 ml Inhalt, nach oben hin weiter werdend)
1 Pürierstab

LATTE-MACCHIATO-EIS

5–6 PORTIONEN • ZUBEREITUNGSZEIT: 30 MINUTEN • ABKÜHL- UND GEFRIERZEIT: ETWA 5 ½ STUNDEN

DU BRAUCHST:
3 Eier (Größe M)
90 g Zucker
70 ml Espresso
400 g Schlagsahne
(mind. 30 % Fett)

200 g Schlagsahne
(mind. 30 % Fett)
1 Pck. Dr. Oetker Vanillin-Zucker

ZUM BESTÄUBEN:
1 TL Kakaopulver

AUSSERDEM:
1 Mixer (Rührstäbe)
1 Teesieb

ZUM DAHINSCHMELZEN

1. Eier mit Zucker und Espresso in einen Topf geben und mit einem Schneebesen schaumig schlagen. Die Masse vorsichtig bei mittlerer Hitze unter ständigem Weiterschlagen erhitzen, bis eine dicklich-cremige Masse entstanden ist (Achtung: Die Masse darf dabei nicht kochen, da das Ei sonst gerinnt!). Anschließend den Topf sofort in eiskaltes Wasser stellen und die Masse unter Rühren erkalten lassen.

2. Sahne sehr steif schlagen, dann unter die kalte Eier-Zucker-Espresso-Masse heben. Die Masse gleichmäßig in 5–6 gefriergeeigneten Gläsern verteilen. Dabei darauf achten, dass die Gläser nur zu zwei Dritteln gefüllt sind. Gläser mit Frischhaltefolie zudecken und in den Gefrierschrank stellen. Das Latte-Macchiato-Eis etwa 4 Stunden tiefgefrieren.

3. Sahne mit Vanillin-Zucker steif schlagen. Das Eis auf der Arbeitsfläche bereitstellen. Vanillinsahne gleichmäßig auf dem Eis in den Gläsern verteilen. Die Gläser wieder in den Gefrierschrank stellen und 1 weitere Stunde tiefgefrieren.

4. Vor dem Servieren das Kakaopulver ins Sieb geben und das Latte-Macchiato-Eis mit Kakao bestäuben.

Tipp: Besonders schön sieht das Sahnetopping aus, wenn du die geschlagene Sahne in einen Spritzbeutel mit Sterntülle füllst und dekorativ auf das Eis spritzt.

STRACCIATELLA-CREME MIT KIRSCHEN

10 PORTIONEN • ZUBEREITUNGSZEIT: 40 MINUTEN • KÜHLZEIT: MINDESTENS 1 STUNDE

DU BRAUCHST:

etwa 700 g abgetropfte Sauerkirschen (aus Gläsern)
50 g Speisestärke
Sauerkirschsaft (aus den Gläsern)
6 TL flüssiger Honig
250 g Mascarpone (ital. Frischkäse)
250 g Magerquark
75 g Puderzucker
6 Blatt weiße Gelatine
200 g gut gekühlte Schlagsahne (mind. 30 % Fett)
100 g Zartbitter-Raspelschokolade (etwa 50 % Kakaoanteil)

2 TL Kakaopulver zum Bestäuben
einige Zitronenmelisseblättchen

KLEINE VERLOCKUNG

1 Die Sauerkirschen in ein Sieb abgießen und dabei den Saft auffangen. Die Speisestärke mit 5 Esslöffeln vom aufgefangenen Kirschsaft anrühren. Restlichen Kirschsaft mit Honig in einem Topf zum Kochen bringen.

2 Die angerührte Speisestärke in den von der Kochstelle genommenen Saft rühren und dann nochmal kurz aufkochen lassen. Die Sauerkirschen unterrühren. Topf von der Kochstelle nehmen und die Kirschmasse zunächst abkühlen lassen, dann zugedeckt in den Kühlschrank stellen.

3 Mascarpone mit Quark und Puderzucker in einer Rührschüssel verrühren. Gelatine nach Packungsanleitung einweichen. Die Gelatine leicht ausdrücken und in einem kleinen Topf geben. Bei schwacher Hitze unter Rühren auflösen (Achtung: nicht kochen lassen). Die aufgelöste Gelatine zuerst mit 3–4 Esslöffeln der Mascarpone-Quark-Masse verrühren, dann zügig mit einem Schneebesen unter die restliche Mascarpone-Quark-Masse rühren.

4 Die Sahne steif schlagen. Schokoladenraspel und Sahne unter die Mascarpone-Quark-Masse heben. Die Stracciatella-Creme zugedeckt in den Kühlschrank stellen.

5 Die vorbereitete Kirschmasse gleichmäßig in den Gläsern verteilen. Dann die Creme daraufgeben. Die Oberfläche vorsichtig mit Kakao bestäuben. Stracciatella-Creme mit abgespülten, trocken getupften Zitronenmelisseblättchen garnieren.

AUSSERDEM:
1 Mixer (Rührstäbe)

TIPP: Du kannst das Dessert gut einige Stunden vor dem Verzehr zubereiten. Garniere die Stracciatella-Creme jedoch erst kurz vor dem Servieren mit Kakaopulver und Melisseblättchen.

SCHOKO-OBST (TITEL)

10 SNACK-PORTIONEN • ZUBEREITUNGSZEIT: 60 MINUTEN

DU BRAUCHST:
250 g Weiße Schokolade
250 g Zartbitter-Schokolade

500 g Erdbeeren
2 Bananen
etwas Zitronensaft
1/2 Ananas
1/2 Cantaloupe-Melone
250 g Physalis (Kapstachelbeeren)

SÜSSE SÜNDE

1 Den Backofen vorheizen. Ober-/Unterhitze: etwa 80 °C.

2 Die Schokoladen getrennt voneinander grob hacken. Jede Sorte in 1 ofenfeste Schüssel geben. Die Schüsseln auf dem Rost in den vorgeheizten Backofen schieben. Die Schokolade schmelzen, dabei ab und zu umrühren.

3 Erdbeeren putzen, abspülen, abtropfen lassen und trocken tupfen. Nach Belieben etwas von dem Grün stehen lassen. Die Bananen schälen, vierteln und mit Zitronensaft bestreichen. Die Ananas schälen und den mittleren harten Strunk herausschneiden. Ananashälfte in mundgerechte Stücke schneiden, mit Küchenpapier trocken tupfen. Das Fruchtfleisch von der Melonenhälfte in mundgerechte Stücke schneiden und ebenfalls vorsichtig mit Küchenpapier trocken tupfen. Die „Lampions" der Physalis aufreißen und in Form eines Stiels zusammendrehen.

4 Die geschmolzenen Schokoladen auf Stövchen warm halten. Die Obststücke auf Holzspieße stecken und in die Schokolade tauchen. Obst-Schokoladen-Spießchen auf einen Bogen Backpapier legen und die Schokolade trocknen lassen. Hast du keine Stövchen, kannst du die Schokolade, wenn sie zu fest wird, wieder in den Backofen stellen und schmelzen.

AUSSERDEM:
2 ofenfeste Schüsseln
(z. B. Auflaufformen)
1–2 Stövchen
einige Holzgabeln oder -spießchen
(z. B. Pommes-Gabeln)
1 Bogen Backpapier

Tipps: Du kannst auf die noch feuchte Schokolade Zuckerstreusel, gehackte Mandeln oder Pistazienkerne streuen. Nicht nur im Winter schmecken auch getrocknete Apfelringe oder getrocknete Aprikosen in Schokolade sehr gut. Dann kannst du eine Prise Zimt oder Weihnachtsgewürz in die geschmolzene Schokolade geben.

ROTE GRÜTZE

5–6 PORTIONEN • ZUBEREITUNGSZEIT: 30 MINUTEN • AUFTAU- UND KÜHLZEIT: ETWA 1 STUNDE

1. Brombeeren verlesen, evtl. vorsichtig abspülen und gut abtropfen lassen. Johannisbeeren abspülen, gut abtropfen lassen und die Beeren von den Rispen streifen. Himbeeren verlesen, evtl. kurz abspülen und vorsichtig trocken tupfen. Erdbeeren abspülen, abtropfen lassen, entstielen und je nach Größe der Früchte halbieren oder vierteln.

2. Speisestärke mit Zucker in einer kleinen Schüssel mischen, dann mit 4 Esslöffeln von dem Nektar anrühren. Den restlichen Nektar in einem großen Topf zum Kochen bringen. Die angerührte Speisestärke unterrühren. Den Saft unter Rühren aufkochen lassen. Den Topf von der Kochstelle nehmen. Die Beeren vorsichtig unterrühren.

3. Die Rote Grütze in eine Glasschale oder hübsche Dessertschälchen füllen. Vor dem Servieren Minzeblättchen abspülen, trocken tupfen und die rote Grütze damit garnieren.

BEERENSTARKER FRUCHTGENUSS

Tipps: Rote Grütze schmeckt frisch am besten. Möchtest du sie bereits am Vortag zubereiten, stell sie über Nacht in den Kühlschrank. Nimm sie 2–3 Stunden vor dem Servieren heraus, da sie dann aromatischer schmeckt. Du kannst auch 1 kg TK-Beerenmischung verwenden. Lass die Früchte dann nur an- aber nicht auftauen, so bleiben sie schön ansehnlich. Serviere zur roten Grütze eine leckere Vanillesauce. Dafür 1 Vanilleschote mit einem Messer der Länge nach aufschneiden und das Mark mit dem Messerrücken herausschaben. 25 g Speisestärke mit 50 g Zucker mischen. Von 500 ml Milch 3 Esslöffel abnehmen und mit der Stärke-Zucker-Mischung anrühren. Restliche Milch mit dem Vanillemark in einem kalt ausgespülten Topf zum Kochen bringen. Topf von der Kochstelle nehmen und die angerührte Speisestärke mit einem Schneebesen einrühren. Die Sauce unter Rühren aufkochen. Vanillesauce unter gelegentlichem Rühren erkalten lassen.

Schon gewusst? Die Sauce nicht 2-mal mit demselben Löffel probieren, sonst verflüssigt sie sich! Speichel enthält Enzyme, die die Stärke zerstören.

DU BRAUCHST:
je 250 g Brombeeren, Johannisbeeren, Himbeeren, Erdbeeren
35 g Speisestärke
100 g Zucker
500 ml Fruchtnektar, z. B. Sauerkirsch- oder Johannisbeernektar

einige Blättchen frische Minze

AUSSERDEM:
1 großer Kochtopf

ESPRESSO-CREME MIT SAHNEHÄUBCHEN

10–12 PORTIONEN ODER 20 MINI-PORTIONEN
ZUBEREITUNGSZEIT: 20 MINUTEN
KÜHLZEIT: ETWA 2 STUNDEN

DOLCE VITA AUS DEM GLAS

1. Instant-Espresso- oder Kaffeepulver mit Wasser verrühren und abkühlen lassen.

2. Vanillin-Zucker mit Sahnesteif mischen. Sahne steif schlagen, die Vanillin-Zucker-Sahnesteif-Mischung dabei einrieseln lassen. Sahne zugedeckt in den Kühlschrank stellen.

3. Für die Creme Zucker mit Sahnesteif mischen. Schmand und Joghurt in eine Rührschüssel geben und mit einem Schneebesen gut verrühren. Zucker-Sahnesteif-Mischung und 5 Teelöffel von dem angerührten Espresso unterrühren. Die Hälfte der Schlagsahne vorsichtig mit einem Schneebesen unter die Creme ziehen.

4. Zwei Drittel der Creme gleichmäßig in den Gläsern verteilen. Dafür die Creme in einen großen Gefrierbeutel geben, fest verschließen, eine Ecke abschneiden und in die Gläser spritzen.

5. Das restliche Drittel der Creme mit dem restlichen Espresso und dem Zucker abschmecken. Wie oben beschrieben in einen Gefrierbeutel geben und auf die untere Schicht der Creme verteilen. Die restliche Schlagsahne in den Spritzbeutel mit Sterntülle geben und aufspritzen. Die Espresso-Creme zugedeckt etwa 2 Stunden in den Kühlschrank stellen.

6. Mokka- oder Schoko-Kaffeebohnen grob hacken. Vor dem Servieren Mokka- oder Kaffeebohnenstückchen auf die Sahnehäubchen streuen.

DU BRAUCHST:

8 gestr. TL Instant-Espresso- oder Kaffeepulver (kräftige Sorte; z. B. Mokka)
5 TL heißes Wasser
3 Pck. Dr. Oetker Vanillin-Zucker
2 Pck. Sahnesteif
350 g gut gekühlte Schlagsahne (mind. 30 % Fett)

125 g Zucker
1 Pck. Sahnesteif
650 g Schmand (Sauerrahm)
350 g Joghurt (1,5 % Fett)

25 g Zucker

2–3 EL Mokkabohnen oder schokolierte Kaffeebohnen

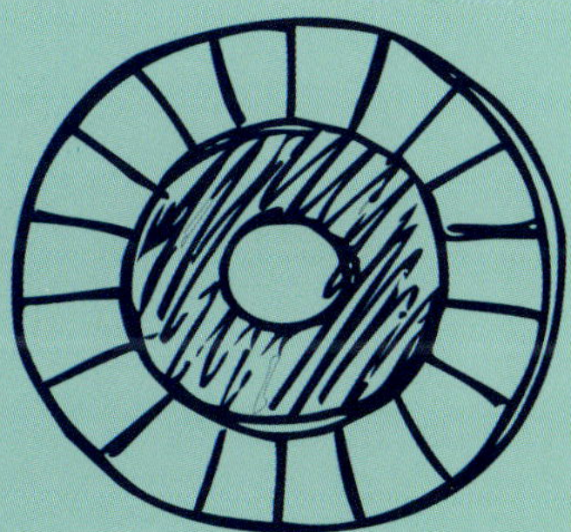

AUSSERDEM:

1 Mixer (Rührstäbe)
2 große Gefrierbeutel
1 Spritzbeutel mit Sterntülle

DRINKS 4 YOU

MELONENBOWLE

10–12 GLÄSER • ZUBEREITUNGSZEIT: 45 MINUTEN

DU BRAUCHST:
1 mittelgroße Wassermelone (gut gekühlt)
1 große Honigmelone (gut gekühlt)
100 ml Holunderblütensirup
1500 ml Zitronenlimonade (gut gekühlt)
1/2 Bund Zitronenmelisse
750 ml Mineralwasser oder Tonic Water

AUSSERDEM:
evtl. 1 Kugelausstecher
evtl. 1 Herzausstecher
einige Holzspießchen
1 große Schüssel

1 Die Wassermelone hinstellen und oben gerade einen Deckel abschneiden. Das Fruchtfleisch aus dem Deckel in Kugeln ausstechen (auch schön: würfeln oder mit einem Löffel größere Stücke herauslösen, in Scheiben schneiden und dann Herzen ausstechen). Melonenkugeln, -würfel oder -herzen für den Bowlenansatz in eine große Schüssel geben. Einige Stücke für die Dekoration beiseitelegen. Das restliche Fruchtfleisch der Wassermelone mit einem Esslöffel herauslösen, sodass die Melone innen glatt ist. Auch aus diesen Stücken Kugeln, Würfel oder Herzen herstellen und in die Schüssel geben. So kannst du die Melonenschale später als Bowlegefäß verwenden.

2 Honigmelone halbieren, die Kerne mit einem Esslöffel entfernen. Fruchtfleisch ebenfalls als Kugeln ausstechen oder in Würfel schneiden, zum Bowlenansatz in die Schüssel geben. Sirup und Zitronenlimonade hinzugießen. Zitronenmelisse abspülen, trocken tupfen, die Blättchen von den Stängeln zupfen, klein schneiden und in die Schüssel geben. Bowlenansatz bis zum Servieren in den Kühlschrank stellen.

3 Zum Servieren den Bowlenansatz mit Mineralwasser oder Tonic Water auffüllen, in die ausgehöhlte Wassermelone füllen und darin servieren.

4 Beiseitegelegte Melonenstücke auf die Holzspießchen stecken und mit der Bowle servieren. Da evtl. nicht die gesamte Menge der Bowle in die Melonenschale passt, kannst du entweder den Rest in einem Glasgefäß direkt dazustellen oder du füllst die Bowle immer wieder nach. Das hat den Vorteil, dass ein Teil der Bowle bis zum Genießen weiter im Kühlschrank kalt gehalten werden kann.

TIPPS: Steht die Melone nicht gerade, stelle sie in einen mit etwas Zucker gefüllten tiefen Teller. Hübsch sieht es aus, wenn du einige Dekorzuckerherzen auf die Zuckerschicht im Teller streust. Oder schneide die Melone auch an der Unterseite gerade. Achte darauf, nur wenig abzuschneiden, da sie sonst nicht mehr dicht ist und die Bowle ausläuft. Möchtest du keine Zitronenmelissestreifen in der Bowle haben, binde die Kräuterzweige mit einem Bändchen zusammen und hänge sie in die Bowle hinein. Reste vom Fruchtfleisch dürfen natürlich genascht werden ;-))

VIRGIN HUGO

4 GLÄSER (ETWA 250 ML) • ZUBEREITUNGSZEIT: 10 MINUTEN

DU BRAUCHST:

3 Stängel Minze
3 Bio-Limetten (unbehandelt, ungewachst)
10–15 Eiswürfel oder
150 g crushed Ice
200 ml Holunderblütensirup
350 ml Mineralwasser mit Kohlensäure
250 ml Ginger Ale

SPRITZIG FRISCH

1. Die Minze abspülen, trocken tupfen und die Blättchen von den Stängeln zupfen.
2. Limetten heiß abwaschen, abtrocknen und halbieren. Von ½ Limette den Saft auspressen und beiseitestellen. Von den übrigen Limettenhälften die Enden abschneiden. Limettenhälften jeweils in Stücke oder Scheiben schneiden und in den Gläsern verteilen. Eiswürfel oder crushed Ice hinzufügen.
3. Den Holunderblütensirup in einen Becher geben, den ausgepressten Limettensaft hinzufügen, beides gut vermischen. Sirup und Minze gleichmäßig in die Gläser verteilen und alles mit Mineralwasser und Ginger Ale auffüllen. Sofort mit einem Strohhalm servieren.

Tipp: Möchtest du nur ein Glas zubereiten, benötigst du 1/2 Limette, 2–3 Eiswürfel oder 2 Esslöffel crushed Ice, 4 Esslöffel Holunderblütensirup, 3–4 vorbereitete Minzeblätter sowie 100 ml Mineralwasser mit Kohlensäure und 50 ml Ginger Ale. Die Zubereitung ist wie oben beschrieben, allerdings entfällt das Auspressen der Limette. Stattdessen kannst du 1 Teelöffel Zitronensaft mit dem Sirup mischen.

KIBA-COCKTAIL

5 GROSSE GLÄSER (JE 275–300 ML INHALT) • ZUBEREITUNGSZEIT: 10 MINUTEN

DU BRAUCHST:
10 EL crushed Ice
500 ml dickflüssiger Bananennektar (sehr gut gekühlt)
500 ml dickflüssiger Kirschnektar (sehr gut gekühlt)

1 Banane
1 EL Zitronensaft
1 Bio-Limette oder Bio-Zitrone (unbehandelt, ungewachst)

AUSSERDEM:
1 Messbecher
5 Trinkhalme
5 Partypicker oder Zahnstocher

FRUCHTIG – CREMIG – LECKER

1. Das crushed Ice gleichmäßig in den Gläsern verteilen. Nektarflaschen gut schütteln. Jeweils 100 ml Bananennektar abmessen und in die Gläser geben.
2. Dann jeweils 100 ml Kirschnektar portionsweise langsam über einen Teelöffel (mit der Wölbung nach oben) am Rand des Glases dazulaufen lassen. Der Inhalt sollte sich nur leicht vermischen, so wirkt die Marmorierung hübscher.
3. Die Banane schälen und in 15 Scheiben schneiden, mit Zitronensaft bestreichen. Limette oder Zitrone heiß abwaschen, abtrocknen und in 5 Scheiben schneiden. Zitrusscheiben bis zur Hälfte einschneiden und an die Glasränder stecken. Je 3 Bananenscheiben auf einen Partypicker oder Zahnstocher stecken und mit den Cocktails servieren.
4. KiBa-Cocktail mit Trinkhalmen servieren.

Tipps: Verwende unbedingt dickflüssige Nektare, denn mit dünnflüssigen Fruchtsaftgetränken wird die Marmorierung nicht so schön. Je kälter die Fruchtnektare sind, desto besser klappt die Marmorierung. Crushed Ice gibt es fertig im Super- oder im Getränkemarkt zu kaufen. Du kannst es auch selbst herstellen: Dafür etwa 10 tiefgefrorene Eiswürfel in einen großen Gefrierbeutel geben. Den Beutel fest verschließen und auf ein mit einem Küchentuch belegtes Holzbrett legen. Die Eiswürfel mit einer Teigrolle vorsichtig zur gewünschten Größe fein zerkleinern. Statt Crushed Ice 1-2 Eiswürfel ins Glas geben.

IPANEMA (TITEL)

FÜR 1 GROSSES LONGDRINKGLAS (INHALT 250 ML)

DU BRAUCHST:
1 Bio-Limette (unbehandelt, ungewachst), 20 ml Lime Juice, 2 TL brauner Zucker (Rohrzucker), 2–3 EL crushed Ice oder grob zerstoßenes Eis, etwa 150 ml Ginger Ale (gut gekühlt), einige frische Minzeblättchen (abgespült und trocken getupft), evtl. 1 Trinkhalm, 1 Holz- oder Kunststoffstößel

1. Die Limette heiß abwaschen, abtrocknen und an den beiden Enden etwa 1 cm abschneiden. Limette in Achtel schneiden und in ein Glas geben. Zucker daraufstreuen und mit dem Stößel leicht zerdrücken. Lime Juice hinzugeben.

2. 2–3 Esslöffel crushed Ice hinzugeben. Das Glas mit kaltem Ginger Ale auffüllen und umrühren.

3. Den Ipanema mit Minzeblättchen garnieren. Nach Belieben mit einem Trinkhalm servieren.

TIZIANINO (TITEL)

FÜR 1 GROSSES LONGDRINKGLAS (INHALT 250 ML)

DU BRAUCHST:
4–5 Eiswürfel, 100 ml roter Traubensaft (gut gekühlt), 100 ml Tonic Water (gut gekühlt) einige kleine rote Trauben, 1 Holzstäbchen

1. Das Glas zur Hälfte mit Eiswürfeln füllen. Kalten Traubensaft ebenfalls in das Glas geben. Mit kaltem Tonic Water auffüllen.

2. Trauben abspülen, trocken tupfen und von den Stängeln zupfen. Trauben auf das Holzstäbchen stecken und auf den Glasrand legen.

TIPP: Hast du kein Tonic Water, nimm einfach Mineralwasser mit viel Kohlensäure und gib 1 Esslöffel Zitronensaft oder Lime Juice hinzu.

RATGEBER

Was für ein Spaß – die eigene Party auszurichten! Freunde treffen, Musik hören, tanzen und feiern. Damit dir auch alles perfekt gelingt, geben wir dir hier ein paar Tipps:

WO, WANN UND MIT WIE VIELEN FREUNDEN KANN ICH FEIERN?

Berate dich mit deinen Eltern wo, wie und wann deine Party stattfinden kann. Wie viele Freunde werden kommen? Für einen DVD-Abend mit deinen Freundinnen reicht sicherlich dein eigenes Zimmer. Kommt die ganze Clique zum Feiern, könnt ihr vielleicht die Garage oder den Keller nutzen.

Prüfe vorab, ob ausreichend Geschirr, Besteck, Gläser und Servietten vorhanden sind. Du kannst deine Gäste auch bitten etwas mitzubringen. Besonders bei einer größeren Party ist ein Platz für Jacken und Taschen deiner Gäste wichtig.

Mit ein bisschen Deko und der richtigen Musikauswahl – hier am besten die Gäste mitentscheiden lassen – kommt garantiert Stimmung auf.

Sinnvoll ist es, die Nachbarn vorab zu informieren, wann die Party stattfinden soll und dass es auch etwas lauter werden könnte.

WAS GIBT'S ZU ESSEN UND ZU TRINKEN?

Jetzt geht's an die Detailplanung: Was soll es zu trinken geben, was zu knabbern? Hilft eine Freundin oder treffen wir uns zu mehreren zum Kochen und Backen?

Die Rezeptauswahl macht mehr Spaß, wenn du dich dafür mit einigen deiner Gäste vorab zusammensetzt, um im Buch gemeinsam nach euren Lieblingsrezepten zu stöbern. Egal ob Fingerfood, selbst gebackene Brötchen zu knackigem Salat, süße Desserts oder kunterbunte Cocktails: Ihr habt die Qual der Wahl. Wenn jeder ein Rezept zubereitet und sich jemand um die Getränke kümmert, sorgt das für vielfältige Leckereien und du hast weniger Arbeit.

Denke bei der Auswahl auch an den vorhandenen Platz im Kühlschrank. Viele Desserts müssen gekühlt werden und die meisten Getränke schmecken kalt einfach besser. Bei Platzmangel kannst du auf Gerichte ausweichen, die nicht unbedingt gekühlt werden müssen. Ob etwas heiß, warm oder kalt gut schmeckt, haben wir, falls es nicht ohnehin klar ist, mit angegeben.

Bei allen Rezepten haben wir angegeben, für wie viele Personen sie gedacht sind. Manchmal ist auch die Stückzahl angegeben. Die Rezeptzutaten lassen sich so leicht verdoppeln, verdreifachen oder auch teilen – je nachdem wie viele Leute du erwartest, wie viele unterschiedliche Gerichte es geben soll und ob du ein Buffet planst oder es einfach nur etwas zum „nebenbei Essen" geben soll. Falls du mit den Mengen unsicher bist, frag Freundinnen oder deine Eltern nach ihren Erfahrungen.

DANN KANN ES LOSGEHEN:

→ Rezepte aussuchen.
→ Liste für die Zutaten erstellen.
→ Prüfen was zu Hause vorhanden ist.
→ Einkaufszettel schreiben, damit beim Einkaufen nichts vergessen und das vorhandene Budget nicht gesprengt wird.
→ Einen Zeitrahmen für Einkauf und Rezeptzubereitung planen. Je nach Küchenerfahrung solltest du etwas mehr Zeit einplanen, damit es zum Schluss nicht zu stressig wird. So bleibt Zeit für die Deko und für dich.

EINKAUFEN

Alle benötigten Lebensmittel gibt es im mittelgroßen Supermarkt. Wir haben keine allzu ausgefallenen Zutaten eingesetzt. Schau bei den Gewürzen nach, was in eurer Küche vorhanden ist, bevor du neue kaufst. Schreib dir einen Einkaufszettel, damit du an alles denkst und dir nicht mitten im Rezept eine Zutat fehlt.

ZUBEREITEN

Neben den benötigten Zutaten haben wir zusätzlich wichtiges „Handwerkzeug" angegeben, dass nicht unbedingt in jedem Haushalt vorhanden ist. Immer angegeben sind darüber hinaus Backbleche sowie Mixer und ob du für die Zubereitung Rührstäbe oder Knethaken verwenden musst.

Lies dir schon bei der Vorbereitung das ganze Rezept einmal in Ruhe durch. So weißt du schon mal worauf es ankommt und erkennst Zusammenhänge.
Bist du unsicher, kannst du bei uns im Verlag anrufen, wir beraten dich gerne. Die Telefonnummer findest du im Buch auf der letzten Seite.

ABKÜRZUNGEN MENGENANGABEN

EL = Esslöffel
TL = Teelöffel
Msp. = Messerspitze so viel, wie auf eine Messerspitze (Tafelmesser, Frühstücksmesser) passt
Pck. = Packung/Päckchen
Prise = so viel, wie zwischen Daumen- und Zeigefingerkuppe passt
g = Gramm
kg = Kilogramm
ml = Milliliter
l = Liter
evtl. = eventuell
geh. = gehäuft
gem. = gemahlen
ger. = gerieben
gestr. = gestrichen so viel, wie auf einen mittelgroßen Tee- oder Esslöffel passt, wenn man die Erhebung über dem Löffelrand mit einem Messer abstreift
TK = Tiefkühlprodukt
°C = Grad Celsius
Ø = Durchmesser

EXTRA-TIPP: Machst du Rezepte, die du noch nie zuvor zubereitet hast, dann empfehlen wir dir ein Probebacken oder Probekochen, denn jeder Herd ist anders und die angegebenen Zeiten sind Orientierungswerte. Deine Eltern probieren sicher gern, was du zubereitet hast.

NACH DER PARTY

Und zum Schluss: Nach allem Spaß gehört auch das Aufräumen nach der Party dazu. Vielleicht haben einige deiner Gäste Lust, am nächsten Tag wiederzukommen und dir beim Aufräumen zu helfen? Da kann man bei Musik und Resteessen nochmal über die Party plaudern. Es soll schon vorgekommen sein, dass diese Aufräum-Partys lustiger als die eigentlichen Partys wurden ...

Alphabetisches Register

KAPITELREGISTER

FOTONACHWEIS

Innenfotos

Fotostudio Diercks (Thomas Diercks, Kai Boxhammer, Christiane Krüger), Hamburg 12, 33, 50, 64-66, 74, 76, 79, 80

Ulli Hartmann, Halle/Westf. 30

Photocase: Anni K. 34, Dot.ti 7, Franziska Fiolka 67, Hello_beautiful 7, Lp12 inch 7, Jules 83, k_t 67, Ovokuro 83, Vortritt 34

shutterstock: Marina Aver 67, Dmitri Mikitenko 66

Janne Peters, Hamburg 70

Anke Plewinski, Berlin 20, 26, 38, 52, 53, 60

Anke Politt, Hamburg 5, 6, 8, 15-18, 24, 28, 29, 36, 40, 43-49, 54, 57, 58, 62, 68, 82, 84, 86, 88

Hans-Joachim Schmidt, Hamburg 10, 23

Axel Struwe, Bielefeld 72, 91

IMPRESSUM

Für Fragen, Vorschläge oder Anregungen stehen dir der Verbraucherservice der Dr. Oetker Versuchsküche Telefon: 00800 71 72 73 74 Mo. – Fr. 8:00 – 18:00 Uhr, Sa. 9:00 – 15:00 Uhr (gebührenfrei in Deutschland) oder die Mitarbeiterinnen des Dr. Oetker Verlages Telefon: +49 (0) 521 52 06 42 Mo. – Fr. 9:00 – 15:00 Uhr zur Verfügung.

Oder schreib uns: Dr. Oetker Verlag KG, Am Bach 11, 33602 Bielefeld. Besuch uns im Internet unter www.oetker-verlag.de, auf Facebook unter „Dr. Oetker Verlag" oder unter www.oetker.de

UMWELTHINWEIS
Dieses Buch und der Einband wurden auf chlorfrei gebleichtem Papier gedruckt. Die Einschrumpffolie – zum Schutz vor Verschmutzung – ist aus umweltfreundlichem und recyclingfähigem PE-Material.

REDAKTION
Carola Hülshoff, Christina Langner, Carola Reich

TITELFOTO
Thomas Diercks, Hamburg

REZEPTENTWICKLUNG
Irmgard Radke, Calden

FOODSTYLING
Christine Bergmayer, Hamburg

GRAFISCHES KONZEPT
FUCHS_DESIGN, Sabine Fuchs, München

TITELGESTALTUNG
FUCHS_DESIGN, München

SATZ
Final Art Manfred Karg, München

REPRODUKTIONEN
Repro Ludwig, Zell am See, Österreich

DRUCK UND BINDUNG
Mohn Media Mohndruck GmbH, Gütersloh

Wir danken Ayleen, Fini, Kha-My, Leonie, Lynn, Melina, Mia, Nina, Sarah und Sophia vom Gymnasium am Waldhof für ihre Unterstützung und die vielen wertvollen Hinweise!

ISBN: 978-3-7670-0677-5